Le *Kama sutra* des paresseuses

Ellen Willer
Illustrations de Soledad

Le *Kama sutra* des paresseuses

•MARABOUT•

Sommaire

Avant-propos

Pourquoi ce guide va vous aider

On croit toujours que ce qu'il y a de plus difficile dans le *Kama sutra*, c'est de réussir à reproduire, sans choper un lumbago, les positions acrobatiques qui l'ont rendu célèbre. Alors que pas du tout : en réalité, le plus difficile, c'est de le lire !

Il y a environ mille cinq cents ans, sur les rivages brumeux du Gange, pas loin de Bénarès, un sage au nom compliqué composait le *Kama sutra*, dans le cadre de ses devoirs religieux – nous disons bien « religieux ».

C'était une sorte de compilation de tous les conseils un peu pertinents qui couraient de-ci de-là à propos de l'amour, de la vie en couple et de la sexualité. Jusque-là, ces préceptes se transmettaient par la tradition orale et s'énonçaient au moyen de sutras, c'est-à-dire de devises courtes et mémorisables – ce qui était bien pratique pour s'en souvenir.

Avec les siècles, ces petits bijoux de concision se sont peu à peu développés, complétés, compliqués de commentaires, jusqu'à finir par constituer une masse d'informations un peu touffues, un peu confuses.

Ainsi, consigné autour du Ve siècle, en Inde et en sanskrit, le *Kama sutra* n'est pas d'un abord évident. Même dans ses traductions les plus alertes, le rendu est long et lent. Le style tient plus de la litanie mystique que du rap ! Les phrases sont plus alambiquées et compliquées que les postures qu'elles expliquent. Et le contenu est parfois désespérément hermétique. Voilà pourquoi on ne vous le conseille pas.

En effet, si le *Kama sutra* dans son texte original a largement de quoi décourager les plus motivées avides de connaissance, que dire des paresseuses, qui ne vont pas se lancer dans cette entreprise, même si au bout il y a le plaisir... et qui passent à côté d'un monument de la sensualité sans même savoir ce qu'elles manquent ? C'est bien dommage. Car le *Kama sutra* est plus qu'un catalogue des positions sexuelles les plus tordues et inattendues. C'est aussi un manuel très bien renseigné sur la drague, la séduction, le désir, la vie conjugale, l'adultère... avec même un petit bonus sur les pratiques magiques et les mixtures aphrodisiaques.

Le *Kama sutra* est peut-être l'un des livres les plus connus au monde, peut-être même l'un des plus lus. Comme il ne s'en tient pas à la sexualité, qu'il déborde de conseils sur la vie en couple et en société, c'est une sorte de « Comment réussir dans la vie », gentiment désuet et délicieusement sensuel.

C'est un ouvrage essentiel qui affirme que le plaisir sexuel est un droit pour tous, hommes et femmes ; il insiste sur le caractère bénéfique et sain du plaisir, indique comment y parvenir avec une candeur surprenante et une franchise désarmante, sans le moindre scrupule ni le plus petit soupçon de culpabilité (même – soit dit en passant – quand il explique aux hommes comment s'épanouir pleinement en rendant heureuses, en même temps et aussi fort, leur femme et leur maîtresse...).

Tout cela est parfois un peu dépassé, c'est vrai – c'est fou ce que les civilisations ont évolué en quinze siècles, du côté de la morale –, mais demeure extraordinairement actuel quand il s'agit de sexualité – il y a décidément des choses qui ne changent pas !

Le *Kama sutra* est un guide complet et indispensable de la relation amoureuse. Ce n'était pas une raison pour imposer sa lecture à qui que ce soit. Il restait donc à le dépoussiérer – histoire de le mettre à la portée de toutes les paresseuses...

C'est chose faite avec ce guide.

Un dernier conseil, en forme d'avertissement :

« Cet ouvrage a été écrit pour le bonheur des hommes et pour leur enseigner comment protéger leur épouse. Son but n'a pas à être détourné et il ne doit en aucun cas devenir un guide de la débauche. » Vous voilà prévenue !

chapitre 1

Comment donner l'illusion qu'on a lu le *Kama sutra* dans le texte

Comment faire comprendre aux autres, aux hommes en particulier, qu'on est drôlement bien renseignée ?

Si on veut vous sortir de votre lascivité naturelle et vous intéresser ne serait-ce qu'un tout petit peu à ce monument de la littérature érotique, mieux vaut quand même commencer par le début et vous fournir une traduction convenable du titre, qui, à lui seul, est une véritable promo pour son contenu.

Kama sutra, ça veut dire quoi au juste ?

Kama (qu'on peut aussi écrire *kâma* pour faire plus authentique, mais franchement ça ne rime pas à grand-chose, d'autant qu'avec le sanskrit – la langue sacrée et littéraire de la civilisation brahmanique – on fait un peu comme on veut puisqu'il n'y a pas grand monde à portée de voix pour nous reprendre sur notre mauvais accent)... le mot *kama*, donc, est un mot masculin qui veut dire « amour » ou, mieux encore, « désir, objet de désir ». Ainsi, Kamadeva est tout simplement... le dieu de l'Amour.

Sutra désigne une « devise », une « règle », un « proverbe », un « aphorisme », mais aussi un « traité complet à propos d'un sujet ».

En traduction libre, *Kama sutra* pourrait donner : « Tout, tout, tout et le reste sur l'amour et le désir en quelques règles simples à connaître et faciles à mémoriser ». Avouez que c'est tentant !

TRUC DE PARESSEUSE

Vous trouverez à la fin de ce guide un glossaire complet qui vous permettra de découvrir le sens de certains mots en sanskrit. Mais pour vous faciliter la lecture, voici les mots qui désignent les parties génitales (même sans être pudibonde, *linga* et *yoni* sont beaucoup plus agréables à lire et à écrire que *verge* et *vagin*) :

- *linga* : le sexe masculin, plus précisément « la verge » (tiens, c'est un mot féminin !) en érection ;
- *yoni* : le sexe féminin, plus précisément « le vagin » (tiens, c'est un mot masculin !) ;
- *jaghana* : les fesses des femmes, en fait « le cul », mais aussi – et c'est parfois ambigu – le sexe lui-même. Un peu comme en français.

Et ça parle de quoi en fait ?

Le *Kama sutra* réunit 2 200 versets (en sanskrit, on dit *shloka*), qui se proposent d'établir une sorte de code de bonne conduite amoureuse.

Simplement, ce qui est un peu décevant quand on arrive là en néophyte, c'est que, sur les sept parties qu'il comporte, une seule parle de sexualité. Il s'agit de la deuxième, et elle s'appelle, en toute simplicité, « L'union sexuelle ». C'est bien sûr le sujet central de ce guide que vous tenez en main. Mais il sera également question de séduction, de vie en couple, de rupture...

Comme il y a de véritables pépites dans les autres parties, mais que l'on sait qu'une paresseuse est... paresseuse par essence et ne se refait pas, les pépites ont été extraites et purifiées. Bref, on vous les livre ultra-simplifiées. Parce que ce serait dommage de passer son tour quand il s'agit d'apprendre des trucs vraiment essentiels (et là, vous allez voir qu'on frise le capital), et qu'une paresseuse ne laisse pas sa place quand elle peut s'offrir sans effort une bonne tranche d'hilarité.

KAMA-QUIZ

Pour vous mettre dans l'ambiance et vous montrer combien il y a à prendre et à apprendre dans ce guide, voici un petit quiz. Sur cette liste, qui se propose de citer les catégories de femmes avec lesquelles un honnête homme ne doit à aucun prix entrer en relation, trouvez celle que nous avons ajoutée pour rire :

- une déséquilibrée ;
- une femme déchue de sa caste ;
- une lépreuse ;
- une femme qui trahit les secrets ;
- une femme qui affiche publiquement ses désirs sexuels ;
- une femme qui ne s'épile pas les aisselles ;
- une femme à la peau trop claire ou trop sombre ;
- une femme qui sent mauvais ;
- une proche parente ;
- une amie intime ;
- une ascète ;
- l'épouse d'un parent ;
- l'épouse d'un camarade ;
- l'épouse d'un brahmane ou d'un roi.

Réponse : celle qui ne s'épile pas les aisselles.

Du *Kama sutra* en veux-tu en voilà pour briller

On a dit « Ve siècle » pour aller vite. En réalité, si le but est de briller en société, autant se la jouer érudite : Vatsyayana aurait vécu entre le Ier et le VIe siècle de notre ère, à deux ou trois ans près. (Les spécialistes affirment qu'en Inde la chronologie n'est ni essentielle ni significative.)

Nous sommes de fait dans l'âge classique de l'Inde, avec l'avènement des Gupta, une dynastie qui imposa l'ordre, fédéra trente-cinq États, et prit le contrôle des régions autour du Gange. C'est encore selon les spécialistes, la période la plus brillante, la plus raffinée, la plus élégante de l'histoire de l'Inde – toujours à deux ou trois ans près.

Certes, ce n'est pas tout neuf, mais c'est toujours en vigueur. On trouve un exemplaire du *Kama sutra* dans toutes les bonnes bibliothèques des gens de bonne compagnie de Bombay, Madras ou Delhi, et il continue de se vendre en Inde dans toutes les bonnes librairies. Même ceux qui ne l'ont pas chez eux en connaissent globalement le contenu, et l'on peut dire qu'il fait partie de l'inconscient collectif et de la culture de tout Indien qui se respecte.

Toujours dans l'unique but de montrer que vous disposez d'une solide culture générale, érotique en particulier, sachez enfin que l'Inde est une civilisation très portée sur le sexe et les plaisirs sensuels, si l'on considère le nombre d'ouvrages qui leur sont consacrés : il existe, paraît-il, six traités sur l'amour, tous composés avant le *Kama sutra*, qui abordent à peu près les mêmes sujets, sur le même ton, et avec plus ou moins les mêmes conseils – on a beau être doté d'une imagination illimitée, compte tenu du thème à traiter, on finit toujours par se répéter.

« "KITSCH", VOUS AVEZ DIT "KITSCH" ? »

Un détail : c'est aussi à la dynastie des Gupta que l'on doit les plus belles richesses de l'art indien et les temples les plus réputés. Il n'est donc pas impossible que l'imagerie érotique « tarte à la crème » autour du *Kama sutra* ait pris naissance moins dans le texte lui-même que dans les bas-reliefs, miniatures et statues qui lui sont contemporains.

Les sept parties du *Kama sutra*

Au risque de vous décevoir, sachez que le *Kama sutra* est un livre avec des mots, même pas avec des dessins. Voilà pourquoi il a donné lieu à tant d'interprétations et à tant de prolongements. Souvent, du reste, l'imagerie qui l'illustre est plus inspirée des *Tantra*, les textes qui ont donné naissance au terme *tantrisme*, qu'au *Kama sutra* lui-même.

Pour se faire une idée de l'ouvrage, voici en hors-d'œuvre un rapide aperçu du sommaire d'origine – ce qui vous permettra de faire votre intéressante exactement comme si vous l'aviez vraiment lu :

Première partie

Une sorte de prologue établit un certain nombre d'observations générales à propos des hommes distingués et des femmes à fréquenter – ce qui n'est sûrement pas inutile. Pas franchement au goût du jour, mais ce début nous renseigne sur une civilisation qui, si elle demeure assez attachée à ses principes, a quand même beaucoup évolué... si l'on en croit les productions cinématographiques de Bollywood, qui ne font pourtant pas figure de films d'avant-garde ou d'art et d'essai !

Deuxième partie

Elle passe en revue les fameuses soixante-quatre techniques amoureuses.

C'est là qu'il est question des différentes façons de s'accoupler pour trouver la jouissance. Il y en a en tout pour une cinquantaine de pages, avec des têtes de chapitres tellement alléchantes que l'on s'y plonge avec volupté. Et, franchement, devant une telle inventivité, on a du mal à tout saisir du premier coup ! Autant vous le dire tout de suite : il ne s'agit pas à proprement parler de « positions », mais plutôt de façons de faire l'amour et d'y trouver du plaisir. Tant et si bien que tous les sites Internet qui se proposent de vous détailler les fameuses « soixante-quatre positions du *Kama sutra* », moderne ou pas, ne font que broder sur une trame, certes, stimulante mais infiniment plus serrée.

Cette deuxième partie suggère en plus deux ou trois bricoles à propos du baiser, de l'utilisation des ongles, des dents, des coups (!), des soupirs.

Signalons enfin un petit appendice sur la fellation, et même un chapitre sur les querelles amoureuses.

Troisième partie

On pourrait la sous-titrer « Comment trouver une épouse », car elle livre tous les trucs et les astuces aux hommes pour faire leur choix, leur cour, faire remarquer leurs sentiments à l'heureuse élue et lui signifier pourquoi et comment elle doit se soumettre. C'est peut-être la partie la moins glamour.

Côté « sexe », c'est un peu pauvre, mais il y a quand même quelques bons fous rires à glaner.

Quatrième partie

Adressée à l'épousée, elle lui rappelle ses devoirs en toutes circonstances et constitue en quelque sorte son manuel de survie en milieu hostile : quelle attitude observer quand son mari s'absente, selon son rang dans le harem (la plus vieille, la plus jeune, etc.), mais surtout vis-à-vis de ses collègues de sérail (notamment – et c'est indispensable – face à celle des épouses qui est « tellement laide que tout le monde la méprise »). On lui souffle enfin quelques indices sur la façon dont son mari est censé se conduire avec elle.

Cinquième partie

Elle est essentielle puisqu'elle traite des relations hommes/femmes en général et fait un petit point sur l'adultère. C'est là qu'on découvre notamment que, si on est sur le point de commettre l'irréparable, il n'y a qu'une seule précaution à prendre et de façon impérative. Une seule ? Vous brûlez de savoir laquelle ? Bon, vous l'aurez voulu : la maison dans laquelle vous vous donnerez rendez-vous « devra offrir des issues très commodes ». Avouez que ce n'est pas ce à quoi vous auriez pensé en priorité. Et cela aurait été bien dommage, parce que, parfois, c'est à des détails comme ceux-là que tout se joue.

C'est aussi dans cette partie qu'on explique pourquoi les femmes commencent par résister aux avances masculines et qu'on donne toutes les astuces pour repérer, quand on est un homme, les femmes faciles. Là également qu'on liste les catégories d'hommes qui plaisent particulièrement aux femmes.

KAMA-QUIZ

Sur cette liste des hommes qui obtiennent le plus de succès avec les femmes, par pure espièglerie nous avons glissé trois intrus. Lesquels ?

- Ceux qui parlent bien
- Ceux qui font tous leurs caprices
- Ceux qui servent de messagers
- Ceux qui portent bonheur tellement ils sont éclatants
- Ceux qui sont très riches
- Ceux qui écoutent leurs désirs
- Ceux qui s'habillent bien
- Ceux qui savent faire rire
- Ceux qui sont vigoureux
- Ceux qui voyagent à l'étranger

Réponse : ceux qui sont très riches, ceux qui savent faire rire, ceux qui voyagent à l'étranger ne font pas partie des hommes les plus séduisants. Tant pis si c'est le portrait de celui qui partage votre vie !

Sixième partie

Elle traite de la vie quotidienne des courtisanes. Comment trouver un homme, se l'attacher, se conduire avec lui, renouer avec lui si on a rompu, etc. ? Ne croyez surtout pas qu'il s'agisse là de sexe. Non, il s'agit de commerce : comment obtenir de l'argent d'un homme puis s'en débarrasser, comment augmenter ses gains, comment gérer ses profits et ses pertes ?... Vénal quoi !

Septième partie

Cette dernière partie divulgue quelques secrets de magie, philtres, et autres aphrodisiaques. Avec juste une petite réserve : pas sûr que le lotus rose, le lotus bleu, le naga kesara, auxquels on peut ajouter, si on veut, pour plus d'effet, quelques feuilles de tagara et de tamala, soient en vente libre ni en grande surface, ni chez votre petit épicier du coin. Dommage, parce que c'est un truc tout simple pour plaire quasi immanquablement à qui l'on veut. Vous me direz : on peut aussi porter, à la main droite, un petit os de paon (ou d'hyène – ça marche aussi) recouvert d'or !

Donc, l'idée, aujourd'hui, c'est qu'on s'arrange avec ce qu'on a sous la main.

Vatsyayana comment ?

Franchement, pour une paresseuse, le nom de ce type est un véritable défi : pas facile à prononcer et quasi impossible à épeler (*Vat-sya-ya-na*). Et si vous avez un jour vu ce nom avec *Sri* devant, ne pensez pas que Sri est son prénom : c'est une sorte de titre honorifique, comme le fameux *San* en japonais.

Donc, c'est Vatsyayana qui a écrit le *Kama sutra*. Et encore, quand on dit qu'il l'a écrit, c'est pour simplifier. D'abord, les érudits pensent plutôt qu'il devait dicter, à une sorte de super-secrétaire, ce qui lui passait par la tête et lui revenait en mémoire. Ensuite, ce n'est pas lui qui a tout inventé : l'idée, au départ, était de recueillir, dans un même traité, toute une tradition orale, datant de deux mille ans plus tôt, histoire de la figer une bonne fois pour toutes et d'éviter de continuer à se la transmettre oralement, de génération en génération.

De toute façon, même Vatsyayana ne se bat pas pour qu'on lui attribue l'ouvrage : en bon Indien qu'il est, il se préoccupe moins de la paternité des écrits que de l'édification des êtres humains. Il avoue sans la moindre pudeur qu'il a condensé la production de nombreux auteurs et que le *Kama sutra* est un fidèle résumé, élaboré pendant qu'il était étudiant, des textes anciens qu'il a longuement étudiés. Il dit : « Au fil des pages et pour être conforme aux textes, il m'a fallu mentionner des choses parfois étranges ou même perverses. Mais j'ai toujours pris soin de les déconseiller aussitôt. »

Ce qui est sûr en tout cas, c'est qu'à l'origine de ces préceptes, on trouve des sages qui devaient en connaître un rayon sur les relations humaines. Ils considéraient notamment que la sexualité féminine n'allait pas de soi et encourageaient les hommes à faire passer le plaisir de la femme avant le leur, sachant pertinemment que c'était le meilleur moyen pour donner aux femmes l'envie d'y revenir souvent. Pas mal vu, non ?

À qui était adressé le *Kama sutra* ?

À n'importe qui, qui avait en tête un projet du côté des sentiments ou du désir, ou des deux en même temps, un projet autour de l'amour – pour faire court. Pour tout le monde, donc.

À l'origine, aux maris

Même si, pour être exacte, il convient de préciser qu'au départ, l'ouvrage était clairement destiné aux hommes. On admettait plus ou moins dans l'Inde ancienne que le *Kama sutra* faisait partie de l'éducation de base d'un homme de la bonne société, tout comme les arts ou les sciences. D'où la grande majorité des conseils qui leur sont adressés.

Bon, disons : aux hommes

Rappelons à l'occasion que, même s'il s'adresse officiellement aux hommes dans le cadre particulier de leur relation conjugale, il traite des rapports amoureux en général, sensuels, sexuels, mais aussi sociaux et se montre étonnamment libéral et ouvert d'esprit – ce qui a sans doute contribué à son succès, du reste.

Mais aussi aux femmes mariées

Les femmes pouvaient éventuellement le lire mais à partir d'un certain âge ; ensuite, de préférence après le mariage ; et bien sûr, sous réserve que leur mari y consente.

Nous, ce qu'on peut dire en plus, c'est que ce sont les hommes en majorité qui avaient accès aux livres et que la société de l'époque les favorisait sans le moindre scrupule lié à la parité.

Entre-temps, fort heureusement, une grande révolution culturelle a eu lieu : aujourd'hui, ce sont surtout les femmes qui lisent.

Donc, aux femmes en général !

Et cela tombe bien, puisque Vatsyayana, malgré l'opposition de ses contemporains, insistait lourdement pour que les femmes aussi lisent son ouvrage – et pas seulement pour augmenter ses tirages et se faire quelques droits d'auteur en plus ! Plutôt parce qu'il considérait – qui pourrait dire qu'il a tort ? – que les femmes savaient d'instinct une grande part de ce qu'il enseignait. En outre, il soutenait que c'est en pratiquant qu'on arrive à la perfection, sous-entendu « pas en étudiant »... mais il avait peut-être quelque intérêt à conduire les femmes à réclamer des travaux dirigés...

Et on le lit avec qui ?

Le fait est que Vatsyayana recommandait aux femmes d'aborder le *Kama sutra* avec une amie proche qui pouvait être :

- la fille déjà mariée de leur nourrice ;
- une tante de préférence du côté de leur mère ;
- une vieille domestique ;
- une femme pauvre proche de la famille ;
- une sœur, pour peu qu'on ait confiance en elle.

Et puisqu'il en était à leur donner des conseils, il leur glissait aussi à l'oreille qu'il ne serait pas inutile qu'en plus elles maîtrisent le chant, la danse, l'écriture, la peinture, sans oublier... le tatouage. Encore heureux qu'elles aient échappé à la cuisine, au ménage, au lavage et au repassage !

KAMA-QUIZ

Au-delà du *Kama sutra*, Vatsyayana recommande aux jeunes filles d'apprendre tout un tas de choses infiniment utiles (c'est lui qui le dit !) pour être toujours respectées dans la vie en général, et plus encore si, pour une raison ou une autre, elles venaient à se séparer de leur mari. C'est ce qu'on appelle « les soixante-quatre arts », à connaître sur le bout des doigts si on souhaite convenablement tenir son rang de jeune fille de bonne famille ou, si l'on préfère une voie plus incertaine et moins confortable, devenir courtisane.

En voici un aperçu. Il y a trois intrus. Votre perspicacité vous permettra-t-elle de les reconnaître ?

- **Apprenez à teindre de façon décorative vos vêtements, vos ongles, votre corps, vos cheveux.**
- **Apprenez la manière d'arranger les tapis, les lits, les coussins.**

HISTOIRE
KAMA SUTRA
MATHS

- Apprenez à enfiler les fleurs en guirlandes et en couronnes.
- Apprenez à fabriquer des boucles d'oreilles.
- Apprenez à utiliser les parfums.
- Apprenez à bien vous habiller.
- Apprenez à vous maquiller.
- Apprenez à découper les tissus pour leur donner la forme d'un perroquet, d'une fleur, d'un pompon.
- Apprenez à manier le langage, à répondre aux devinettes, à comprendre les phrases à double sens.
- Apprenez à faire passer du coton pour de la soie.
- Apprenez à enrichir votre vocabulaire en vous aidant d'un dictionnaire.
- Apprenez à vous approprier les possessions d'autrui par la magie.
- Apprenez à vous défendre avec une épée, un gourdin, un bâton.
- Apprenez la menuiserie, l'architecture, la chimie, les minéraux, le jardinage.

Réponse : aucun intrus dans cette liste... tout est vrai. On vous a bien eue ! Maintenant, il ne vous reste plus qu'à vous y mettre.

À quoi ça sert de lire le *Kama sutra* ?

Pour jouir de tous les plaisirs, pardi !

C'est étonnant de se rendre compte à quel point, au-delà des époques et des sociétés, l'essentiel est immuable : lire le *Kama sutra*, c'est se rendre compte qu'à des siècles d'écart, dans une civilisation apparemment éloignée de la nôtre, les hommes et les femmes ont à peu de chose près les mêmes joies et les mêmes préoccupations, les mêmes plaisirs et les mêmes angoisses, les mêmes bonheurs et les mêmes aigreurs... Ça va toujours un peu de soi, mais à ce point, c'en est presque rassurant.

Kama n'est pas seulement le dieu de l'Amour et du Sexe, c'est aussi celui des Cinq Sens, donc de toutes les jouissances. Le *Kama sutra* est une sorte de coach discret et peu encombrant qui nous aide à voir et percevoir tout ce que cette vie peut nous apporter de plaisirs et de voluptés. Sans compter que le ravissement du corps n'est jamais bien loin du ravissement de l'esprit, lui-même assez voisin de l'âme : « L'art secret de la sexualité et du ravissement corporel n'est jamais loin des ravissements de l'âme. Cet ouvrage a pour but de vous aider à percevoir tous les plaisirs du monde qui vous entoure, au cours de l'existence que vous menez sur cette planète si généreuse de richesses et de merveilles en tout genre. » Alléluia !

Enfin – et c'est peut-être bien l'essentiel –, selon le *Kama sutra*, l'évocation du plaisir détient un formidable pouvoir de suggestion. La description des étreintes, le seul fait d'en parler, de s'en préoccuper suffisent à éveiller le désir. Le *Kama sutra* est un conseiller dévoué et avisé, suffisamment bien élevé pour se retirer alors très discrètement, sur la pointe des pieds. Il s'éclipse sur cette dernière recommandation : « Tant que l'excitation est faible, continuez de lire, d'apprendre et d'étudier. Mais quand la roue de la volupté se met en marche, il n'existe plus de règle ni de méthode : oubliez tout et lancez-vous. »

Bref, que chacun s'en donne à cœur joie. C'est tout le mal qu'on vous souhaite !

DIX FAÇONS DE MONTRER QUE VOUS CONNAISSEZ VOTRE *KAMA SUTRA* SUR LE BOUT DES DOIGTS

1. Montrez-lui que vous êtes tendre

Embrassez un homme très vigoureusement, attirez-le à vous, enlacez-le, serrez-le entre vos cuisses.

2. Signifiez-lui que vous n'êtes pas d'accord

Mettez-vous en colère, jetez vos ornements à terre, tournez-lui le dos.

3. Faites-lui comprendre qu'il peut mieux faire

Prenez les cadeaux qu'il vous fait, considérez-les avec dédain, et débarrassez-vous-en devant lui.

4. Montrez-vous empressée

Précipitez-vous sur lui quand il revient de voyage, montrez votre joie, pleurez sans verser de larme, mettez-vous à rire.

5. Faites-vous désirer

Souriez, puis faites la tête. Demandez des fleurs, jetez-les, reprenez-les en main. Cachez-vous. Couchez-vous. Puis promenez-vous deçà delà.

6. Soyez mutine

Imitez ses paroles, faites des grimaces.

7. Faites la coquette

Approchez-vous de lui, éloignez-vous. Refusez de venir près de lui quand il vous rappelle, détournez-vous. Montrez-le du doigt.

8. Séduisez-le

Battez des cils, faites danser vos yeux, riez, interrompez-vous quand vous parlez juste pour le regarder.

9. Défiez-le

Approchez-vous de lui alors que vous savez qu'il n'en a pas envie et montrez-lui combien vous le désirez.

10. Charmez-le

Bougez avec grâce vos cils, vos yeux, vos mains, vos pieds.

chapitre 2

Comment trouver l'homme qu'il vous faut

Êtes-vous plutôt éléphante, jument ou gazelle ?

Question plus importante que vous ne le pensez, car à chaque type de femme – éléphante, jument ou gazelle – correspond un type d'homme.

N'oublions pas que le *Kama sutra* est, à la base, un manuel de vie sociale et conjugale. Alors, avant de dire quoi faire, il indique clairement et longuement, d'abord, avec qui.

KAMA-QUIZ

Selon le *Kama sutra*, un homme fréquentable est gentil et attentionné avec ses amis – notamment ses amis d'enfance –, avec les enfants de ses domestiques, avec ses camarades d'études, avec ceux qui partagent ses secrets. Il donne autant qu'il reçoit, leur accorde sans compter sa loyauté et sa compagnie, et se refuse à les critiquer ou les insulter.

Mais, selon vous, pourquoi le *Kama sutra* lui conseille-t-il de se montrer hospitalier vis-à-vis des profiteurs en tout genre ?

- Par charité : il s'agit aussi de montrer qu'on a un bon fond.
- Par intérêt : ils pourront peut-être lui être utiles un jour.
- Par grandeur : admettre des profiteurs chez soi, c'est montrer qu'on peut dépenser sans compter.

Réponse : par intérêt. « Les profiteurs, les parasites peuvent vous apprendre une chose ou deux, même s'ils ont tout perdu. Quant aux amuseurs aux connaissances limitées, accueillez-les aussi chez vous, car ils pourront vous être utiles pour nouer les bonnes relations dont vous pourriez avoir besoin. »

Avertissement pour les obnubilées du sexe

Dans un premier temps, il décrit donc méticuleusement la vie quotidienne d'un honnête homme. Vous allez ainsi savoir si vous en avez un de ce genre dans votre environnement immédiat. Si oui, surtout mettez une option et dépêchez-vous de conclure. Non pas parce qu'il vaut le coup, mais parce qu'il est rare.

Pour éviter aux paresseuses obnubilées par le sexe de perdre leur temps, mieux vaut préciser que ce chapitre démarre très fort, mais au second degré. Et qu'elles peuvent aller faire, si elles le souhaitent, un peu de broderie pendant quelques pages. Ou une promenade. Ou une sieste. Ou ce qu'elles veulent...

Pour toutes les autres, celles qui ont compris que ce qui compte, c'est le plaisir, de tous les sens et dans tous les sens, celles qui considèrent que le rire est en soi une pratique jubilatoire : en voiture !

Comment reconnaître un homme distingué ?

Et d'abord, où habite-t-il ?

Déjà, avant de brosser son portrait, plantons le contexte... L'homme distingué habite en ville ou dans un grand village. Il s'arrange pour être entouré de gens du même genre que lui. Sa maison est bien conçue, de préférence avec un jardin arboré. Ajoutez une volière, un atelier pour se livrer à des loisirs récréatifs (il paraît justement que les arts appliqués et les travaux manuels, comme le tricot, la broderie, la peinture sur soie, etc., reviennent en force – convenez que c'est une chance et reconnaissez que ce livre est d'une singulière modernité !), une balançoire, une tonnelle avec un banc où s'asseoir, et vous avez le décor parfait. Jusque-là, on ne peut qu'être d'accord.

Habite-t-il seul ?

Détail accessoire mais fâcheux : il est question dans le *Kama sutra* d'une habitation comprenant deux appartements. Non, pas pour héberger les beaux-parents... mais pour y loger les épouses du monsieur. Oui, SES épouses, car – et c'est peut-être la vraie limite du *Kama sutra* – un homme distingué dispose immanquablement d'un harem ; sinon, de quoi a-t-il l'air ?

BON À SAVOIR

Mieux vaut que ce soit dit d'entrée de jeu : si le *Kama sutra* mérite d'être mis entre toutes les mains, mieux vaut éviter de le laisser tomber dans celles de l'homme qui partage votre vie.
À force de lire des conseils plutôt judicieux sur la façon de s'organiser avec de multiples femmes, comment aménager le roulement, apaiser les querelles, les satisfaire à tour de rôle, il ne manquerait plus que, constatant que ce n'est au fond pas si compliqué, il lui vienne des idées en tête.

À quoi ressemble sa chambre ?

Cette histoire de gynécée mise à part, les conseils de déco sont plutôt pertinents :

- une chambre bien parfumée ;

- un beau lit moelleux tapissé de linge propre, des oreillers en quantité ;
- un sofa ;
- une console pour le nécessaire de toilette ;
- des guirlandes (c'est peut-être un peu chargé, mais faisons un petit effort si la volupté est à ce prix !) ;
- quelques livres ;
- une table de jeu, un siège rond, un luth ;
- il est aussi question d'un crachoir (mais là, chacun fait comme il veut).

Comment prend-il soin de lui ?

Levé de bonne heure, il commence sa toilette par un bain (par dérogation, on peut autoriser la douche). Puis se lave les dents – normal. Il se frotte légèrement de baume parfumé (encouragez-le en lui assurant que c'est juste une habitude à prendre). Un peu de collyre dans les yeux, et, ouste ! dehors.

En réalité, dans le *Kama sutra*, il lui est aussi recommandé de se laquer les lèvres de rouge (bon, là, admettons d'un commun accord qu'on l'en dispense).

Ça, c'est pour tous les jours. Tous les deux jours, même enchaînement plus une friction d'huile. Tous les trois jours, lavage avec un produit moussant. Tous les quatre jours, rasage du visage. Et tous les cinq ou dix jours, rasage du corps tout entier, sans oublier de se désodoriser les aisselles. Tout un programme !

Comment vit-il ?

Après le petit-déj, il apprend à parler aux perroquets et aux mainates, puis il s'en va aux combats de coqs et de béliers. Bon, nous, à la place, on propose qu'il aille promener le chien et fasse son PMU.

Il se divertit ensuite avec ses potes, puis revient pour la sieste. Le soir, il chante avec eux. Puis il regagne sa chambre et attend avec son meilleur ami « la venue de celle qui, séduite, passera la nuit avec lui ». Là, bien sûr, on se rend mieux compte qu'on parlait en réalité de l'homme distingué célibataire – ce qui est justement le type d'homme qu'on cherche quand on est célibataire soi-même. Et qu'il s'agissait de son emploi du temps du week-end.

Quels sont ses loisirs ?

Festivals, réunions, réceptions chez les uns et les autres, conversations, dégustations de liqueurs, garden-parties, spectacles avec artistes, jeux de dés et promenades : tout est authentique et dans le texte.

Une précision utile : parfois, quand on se baigne tous ensemble dans des bassins de pierre, notez qu'il faudra prendre soin, au préalable, d'en chasser tous les crocodiles. Quand les vieux sages ont parlé, on obéit.

Qui fréquente-t-il ?

S'il s'agit de fonder une famille, il rencontre des jeunes filles de la même classe sociale, qui n'ont jamais été mariées et qui sont vierges. Voilà pour une relation durable, qui sera scellée par une union officielle.

Pour le reste, c'est-à-dire pour le plaisir, c'est, comme on dit, *ad libitum* : « au choix ».

Vous voulez des précisions ? Vous allez être servie...

Globalement, si un homme ne recherche qu'un divertissement passager – on en connaît quelques-uns comme ça –, il a tout intérêt à choisir une veuve, une divorcée ou carrément une prostituée (soyons précise : le *Kama sutra* parle de « courtisane »).

DANS QUELS CAS UN HOMME PEUT-IL COURTISER UNE FEMME MARIÉE ?

Le *Kama sutra* se montre tout à fait indulgent et compréhensif si un homme distingué jette son dévolu sur une femme mariée, à partir du moment où :

- elle est très sensuelle et a une grande expérience de l'amour physique. Dans ce cas, l'homme ne viole en rien les règles établies par les sages. Il y en a même une qui dit qu'un homme peut foncer sans retenue ni scrupule, du moment qu'une femme a déjà eu cinq hommes dans sa vie. Oui, cinq – recomptez bien sur vos doigts ;
- elle a déjà été mariée deux fois : d'autres sont passés avant, alors qu'il y aille gaiement ;
- elle est amoureuse de lui et connaît bien ses faiblesses : en se sacrifiant, il l'empêche de révéler ses défauts aux autres. Pire : si vraiment elle y tient, s'il ne cède pas, elle pourrait bien, pour se venger, faire courir de méchantes rumeurs à son sujet – ce qui pourrait se révéler désastreux. Donc, autant y aller. Moins gaiement, mais y aller quand même ;
- elle a une emprise totale sur son mari : pour le soupirant, c'est tout bénéfice. Soit le mari apprécie l'amant et elle s'arrangera pour qu'il soit encore plus généreux avec lui. Soit pas et elle le fera changer d'avis. Mieux : si tout se passe bien, la femme et l'amant se mettent d'accord pour supprimer le mari et mettre la main sur ses richesses. Une union de ce genre, résume le *Kama sutra*, ne peut donc pas porter le moindre tort et, au

contraire, peut améliorer la situation matérielle du postulant, qui, s'il est dans le besoin, trouve là le meilleur moyen d'en sortir ;

- elle est amie intime avec une femme dont il est amoureux : elle favorisera, même involontairement, le rapprochement ;
- elle héberge chez elle un ennemi du roi : avec sa complicité, il pourra l'éliminer ;
- son mari lui a autrefois volé sa femme (« l'une de ses femmes », dit le *Kama sutra*...) : en s'unissant à elle, il pourra enfin savourer sa revanche.

Comment choisir son partenaire sexuel ?

Nous saluons parmi nous le retour des paresseuses obnubilées par le sexe et reprenons le cours de notre causerie. Et là – autant vous prévenir –, on entre dans du lourd.

Vérifiez votre compatibilité

Le *Kama sutra* – et là, on ne plaisante pas – considère que la garantie absolue pour un couple d'atteindre le plaisir ou son synonyme moderne, l'orgasme, est de pratiquer l'union sexuelle avec le partenaire adéquat. L'idée n'est pas de s'intéresser à la taille de son sexe à lui, à l'intensité de son désir, ou même à son endurance, mais bien de vérifier votre compatibilité commune sur ces trois critères. Bref, le principe n'est pas de s'intéresser exclusivement aux mensurations de l'homme, mais de se pencher également sur celles de la femme, histoire de s'assurer de la compatibilité.

Comment être assortie physiquement ?

Vaste sujet, la taille. La taille du sexe bien sûr. Pas possible de parler de sexualité avec un homme, en face à face pour une interview, ou à la radio dans une émission, sans buter, à un moment ou à un autre, sur la question qui les turlupine : la taille, ça compte ou pas ?

Estimez vos atouts

Récemment, à la radio justement, un sexologue assurait à l'antenne que la taille du sexe n'avait aucune importance... et assurait exactement le contraire une fois les micros fermés et l'émission terminée. Seulement voilà, là où le *Kama sutra* est infiniment plus subtil que nous et surtout plus pragmatique, c'est qu'il considère la taille des DEUX sexes ! Celui de l'homme et celui de la femme. Il suffisait d'y penser.

Selon les caractères et les dimensions du *linga* (le sexe de l'homme – on vous le rappelle), l'homme est, dans l'ordre croissant :

- lapin ;
- taureau ;
- cheval.

Selon les mêmes critères et les dimensions du *yoni* (le sexe de la femme, donc), la femme, elle, est :

- gazelle ;
- jument ;
- éléphante.

Équilibrez vos chances

L'idée est toute simple : si on veut que tout se passe pour le mieux, l'idéal est de s'accoupler avec son homologue. Mettez un lapin avec une gazelle, et c'est le nirvana. En revanche, envoyez-le à l'assaut d'une éléphante, et c'est l'enfer. À partir de là, nous, avec notre rationalité occidentale, on peut déjà poser que :

ça va tout seul pour :

- le lapin avec la gazelle,
- le taureau avec la jument,
- le cheval avec l'éléphante ;

c'est pas gagné, mais on peut s'arranger pour :

- le lapin avec la jument,
- le lapin avec la gazelle,
- le taureau avec la gazelle,
- le taureau avec l'éléphante ;

il vaut mieux carrément oublier pour :

- le lapin avec l'éléphante ;
- la gazelle avec le cheval.

Dosez vos impulsions

Une fois de plus, c'est sans compter avec le raffinement érotique du *Kama sutra*, qui affirme que trois accouplements seulement sont égaux, totalement conformes à la nature, produisant un plaisir équilibré, une jouissance modérée. Les six autres sont définis comme inégaux. Mais loin de les déconseiller, le *Kama sutra* souhaite préciser que :

- lorsque les dimensions du *linga* sont supérieures à celles du *yoni*, on parle d'« union supérieure », l'accouplement est violent et le plaisir aigu ;
- lorsque les dimensions du *yoni* sont supérieures à celles du *linga*, on parle d'« union inférieure », l'accouplement est dérisoire et le plaisir insignifiant.

Donc, en résumé, sur neuf accouplements possibles :

- entre homologues, tout va bien ;
- les opposés sont les pires ;
- tous les autres sont dans la bonne moyenne, avec une nette préférence pour l'aigu, face à l'insignifiant, c'est-à-dire un *linga* de l'homme dans la catégorie au-dessus de celle du *yoni* de la femme.

Calibrez vos avantages

Vous me direz : « Tout ça, c'est parfait, mais il reste des zones obscures. »

D'abord, on s'appuie sur quoi pour définir si les sujets en présence sont plutôt gazelle, taureau, jument ou lapin ?

Figurez-vous que des ouvrages antérieurs au *Kama sutra* se sont attachés à éclaircir cet aspect :

- pour la première catégorie (homme et femme), on compte la valeur de « six largeurs de doigt » ;
- pour la deuxième catégorie (homme et femme toujours), « neuf largeurs de doigt » ;
- enfin, pour la troisième catégorie (homme et femme encore), « douze largeurs de doigt ».

Même pas besoin de faire la conversion, en plus !

Bon, on avance. On se connaît un peu mieux, et franchement, ça fait plaisir.

Estimez votre partenaire

Maintenant, reste un détail : comment fait-on pour savoir dans quelle catégorie l'autre se situe ?

On pose la question au premier rendez-vous ou on attend de se connaître un peu mieux ? Et si on attend, comment être sûre qu'on n'est pas en train de perdre son temps ?

Ou bien on va contrôler par soi-même, là aussi, tout de suite ou on laisse passer une semaine ou deux ?

On peut aussi laisser venir, puis, le moment opportun, on s'arme de quelques doigts qu'on a sous la main et on procède à la vérification... Et si ce n'est pas conforme, on arrête tout et on se quitte bons amis ?

Malheureusement, désolée, le *Kama sutra* reste muet sur la façon de mener les investigations.

Comment accorder vos tempéraments ?

Les unions heureuses ne reposent pas seulement sur des similitudes physiques, mais aussi – et c'est tout aussi déterminant – sur le tempérament amoureux.

Mesurez vos envies

Il s'agit, pour commencer, de dégainer son chronomètre et de se déterminer selon la durée souhaitée du rapport lui-même. Avec trois catégories pour les hommes, autant pour les femmes : ceux qui veulent que ça aille vite, ceux qui aiment prendre leur temps, ceux qui souhaitent que ça dure.

Je ne vous refais pas le coup des neuf combinaisons ; aussi paresseuse que vous soyez, vous y parviendrez bien toute seule.

AJUSTEZ VOS ATTENTES

Je vous propose une petite pause pour prendre le temps de considérer un commentaire tout à fait opportun à propos de jouissance : un sage fait remarquer que l'homme et la femme ne jouissent ni de la même façon ni à la même allure. L'excitation de l'homme arrive brutalement, augmente et aboutit rapidement, tandis que l'excitation de la femme se manifeste progressivement, monte et se conclut lentement. Plus l'homme fait durer l'acte, dit le sage, plus elle trouve du plaisir. Plus l'homme se presse, plus elle est mécontente. Alors encore plus difficile de se mettre au diapason, car ce qui est long pour l'un peut sembler un peu trop rapide à l'autre, et inversement. On ne peut que lui donner raison.

Connaissez vos différences

Un sage précise que plus les rapports sont fréquents – il parle de rapports quotidiens multiples –, plus l'ardeur et la durée chez l'homme et la femme sont inversement proportionnelles. Au début, explique-t-il, l'excitation est forte pour l'homme et la jouissance rapide, alors que la femme a du mal à démarrer. Au bout de plusieurs rapports consécutifs, l'homme fatigue, s'étiole, tandis que la femme, elle, est à son maximum, réagit au quart de tour, atteint vite sa pleine satisfaction et finit par en redemander...

TRUC DE PARESSEUSE

Quand un homme et une femme ne sont plus tout à fait sur la même longueur d'onde en termes d'envie et de désir, le *Kama sutra* recommande... de multiplier les rapports quotidiens, c'est-à-dire de grouper plusieurs rapports à la suite. Pour que l'homme finisse par être mieux que comblé, limite saturé. Et que la femme, elle, soit si satisfaite qu'elle ait envie très vite de recommencer.

Évaluez votre désir

Enfin, il convient de se définir par rapport à l'intensité du désir. De nouveau, on a trois catégories, version « homme » et version « femme » : les individus de petite passion, de passion moyenne et de grande passion. Ça commence un peu à ressembler à *Boucle d'Or*, toute cette histoire, avec Papa Ours, Maman Ours et Bébé Ours, un grand lit, un moyen lit et un petit lit, une grande écuelle, une moyenne écuelle et une petite écuelle... mais je n'y peux rien : c'est dans le *Kama sutra*, et je suis là pour transmettre son savoir millénaire et sa sagesse ancestrale. Et là, rebelote (je ne vous surprends pas) : encore neuf combinaisons possibles, dont je vous fais grâce car même moi je me lasse.

Bon, on commence à se faire une idée bien plus précise du partenaire idéal. Non ?

Comment s'arranger avec le partenaire qu'on a ?

Eh oui, une fois qu'on a recueilli toutes ces informations, que fait-on ? On ne va sûrement pas congédier l'homme de sa vie sous prétexte qu'il ne répond pas à notre check-list. Et on ne va pas non plus tourner le dos à tous les candidats à la vie à deux parce que, renseignements pris, nos critères ne correspondent pas. Donc, comme on sait de quoi il retourne, on pratique en fonction.

Prenez les bonnes mesures !

Selon le *Kama sutra*, si vraiment on n'est pas compatible, on peut toujours s'arranger : « Il est important que la position de la femme et de son *jaghana* soit correcte. » Les plus petites ont intérêt à s'écarter largement, les plus grandes à resserrer au maximum les cuisses – ce qui bien sûr contracte le *yoni*. Bref, on se livre à l'acte en tenant compte de ses caractéristiques naturelles.

Le *linga* plus grand que le *yoni*

(Union dite « supérieure » – revoyez vos notes.)

Pour faciliter la pénétration, la femme doit s'ouvrir au maximum. La gazelle, par exemple, la plus étroite des trois catégories, dispose de trois possibilités :

- **Position épanouie** : elle baisse la tête, relève le milieu du corps.

Pour cela, on peut s'aider d'un coussin qu'on place sous les reins. On peut en plus appliquer un lubrifiant, précise le *Kama sutra*, qui ne conseille cependant aucun produit ni aucune marque en particulier.

- **Position bâillante** (non, pas dans le sens de « bâiller parce qu'on a sommeil » – ce n'est pas le moment – mais de « bâiller comme une fenêtre qu'on entrebâille ») : elle relève les cuisses et les écarte au maximum.

Il est possible de recourir à une variante : elle place les cuisses sur les épaules de l'homme. Là, le *yoni* est bien ouvert, mais attention ! avertit le *Kama sutra* : comme il est légèrement incliné, il faut veiller au moment de la pénétration à ce que le *linga* ne se trompe pas de chemin.

- **Position dite d'« *indrani* »** : elle fait pareil que dans la position bâillante mais, en plus, elle replie ses jambes, et il n'est donc pas impossible, si elle le fait à fond, que ses genoux touchent ses seins. Il se peut même, plaisante le *Kama sutra*, que la plante des pieds de la femme vienne chatouiller les aisselles de l'homme. Mais qui s'en plaindrait ? Ajoutons que cette dernière position, selon le *Kama sutra* encore, « peut être utile si l'homme et la femme s'entendent bien ». Mais qu'entend-il par là ?

Le *linga* équivalent au *yoni*

(Union dite « égale ».)

C'est l'accouplement des homologues ; et là, la femme se couche tout bêtement sur le dos et l'homme sur elle, face à face. Un peu décevant pour un conseil du *Kama sutra*, mais c'est comme ça. Sachez quand même que, dans ce cas, le livre de l'amour vous promet tous les plaisirs, « car vous pourrez tout faire pour satisfaire vos désirs ». Admettons qu'il s'agit là d'un lot de consolation. Et consolez-vous en vous disant que nous n'en sommes pas encore au chapitre des positions.

Le *linga* plus petit que le *yoni*

(Union dite « inférieure ».)

Tel quel, dans le texte, on peut lire : « Dans l'accouplement inférieur avec une femme éléphante, c'est évidemment une plaisanterie de parler de "difficulté". Mais elle devra serrer. » Il n'en demeure pas moins que le plaisir risque d'être faible. Il est donc possible de recourir à des positions spécifiques.

- **Position de l'écrin à bijoux** : l'un contre l'autre, les jambes sont bien droites, bien serrées et bien tendues. Dans ce cas, deux manières de procéder : soit allongés l'un sur l'autre, soit allongés sur le côté. Et là, vous allez voir qu'on ne plaisante pas avec le règlement : l'homme doit impérativement être couché sur le côté droit et la femme sur le côté gauche. « Il s'agit là d'une prescription invariable. » On vous aura prévenue. Mieux : ce principe s'applique à toutes les positions et à tous les types de femmes.
- **Position pressante** : ça commence comme la précédente, puis la femme serre l'homme avec ses cuisses.
- **Position enroulée** : la femme entoure une cuisse de son partenaire de l'une des siennes.
- **Position relevante** : les deux cuisses de la femme sont tendues à la verticale, en appui sur les épaules de l'homme (à ne pas confondre avec la « bâillante », qui vise l'objectif inverse et où les deux cuisses sont pliées sur elles-mêmes et repliées sur les épaules de l'homme).
- **La posture de la jument** : (attention ! il faut un certain entraînement) il s'agit de retenir le *linga* dans son *yoni*. En se servant seulement de son *yoni*, ça va de soi, sinon ce n'est plus du jeu.

Sachez que cette position est une spécialité du pays d'Andhra. Si l'envie vous prend d'un stage sur place... à vous de voir !

Dans cette union, le plaisir est quasiment insignifiant – c'est toujours le *Kama sutra* qui parle, et dans ce cas, il n'hésite pas à recommander l'usage d'artifice, c'est-à-dire d'aphrodisiaque (on en parlera bien sûr plus longuement plus loin).

DIX FAÇONS DE TROUVER L'HOMME QUI FERA VOTRE BONHEUR

1. Vérifiez deux ou trois détails de son cadre de vie

« Dis-moi où tu vis, je te dirai comment tu es. »

Vite fait, allez faire un petit tour du côté de son appart. Et seulement si ça vous plaît, allez plus loin.

2. Assurez-vous qu'il prend correctement soin de lui

Parce qu'un homme qui présente bien, qui sent bon et qui a la peau douce, c'est quand même plus agréable à avoir à côté de soi et tout contre soi.

Accessoirement, il est plus gratifiant à présenter à ses amies...

3. Renseignez-vous sur ses habitudes

Bien sûr, grâce à vous, il va changer. Mais beaucoup moins que vous ne le souhaiteriez.

4. Validez votre compatibilité sexuelle

Non, la taille ne compte pas ! Par contre, mieux vaut que vos morphologies, vos désirs et vos attentes correspondent.

5. Dosez vos impulsions

Sachez à quelle catégorie vous appartenez :

- gazelle, jument, éléphante pour vous ;
- lièvre, taureau, cheval pour lui.

Et déduisez-en vos comportements sexuels.

6. Assortissez-vous physiquement

Apprenez à vous accoupler entre homologues, en fonction de vos natures respectives.

7. Accordez vos tempéraments

Si vous aimez que ça aille vite, autant choisir un homme dans le même état d'esprit. Le contraire est tout aussi vrai.

8. Ajustez vos attentes

Sachez-le : plus les rapports sont fréquents, plus l'homme y met de l'ardeur et peut tenir sur la durée. À vous de voir si c'est ce que vous préférez.

9. Arrangez-vous avec le partenaire que vous avez

Vous n'allez pas ensemble, en théorie ? Pourtant, vous l'aimez ? Tout n'est pas perdu. Trichez en recourant à des techniques qui rattrapent tous les coups.

10. Prenez les bonnes mesures

Position épanouie ou position en écrin à bijoux : on peut toujours venir au secours de la nature.

chapitre 3

Comment le séduire
et être celle qu'il cherche

Comment montrer à un homme qu'il nous intéresse et s'arranger pour qu'il s'intéresse à nous ?

Allons plus loin : comment allumer le désir chez lui ?

Le *Kama sutra* ayant été composé à l'origine pour les hommes, il présente un avantage appréciable pour nous, les femmes : il nous entraîne dans les coulisses de leurs sentiments, de leurs espoirs, de leurs désirs. Il nous donne les sous-titres de leurs attitudes et de leurs comportements, qui, assez bizarrement sur l'essentiel, n'ont pas énormément évolué en une quinzaine de siècles.

KAMA-QUIZ

« Elle détourne le visage, ne le regarde pas en face. Quand il la questionne, elle baisse la tête et bafouille. Elle prend un air indolent. Elle transforme sa voix et sa manière de parler. Elle lui tient des discours interminables. Elle prend un enfant dans les bras et l'embrasse avec ostentation. »

Selon vous, il s'agit :

- d'une femme amoureuse ?
- d'une mère comblée ?
- d'une entremetteuse qui cherche à faire aboutir une union ?

Réponse : il s'agit d'une femme amoureuse.

Comment remplir les conditions de base ?

Au départ, si l'on s'en tient au conseil du *Kama sutra*, la description de la femme idéale n'est pas très rock and roll : un homme doit rechercher une jeune fille bien née (dont les parents sont respectables, fortunés), d'au moins trois ans sa cadette. Sa famille doit être connue, très entourée d'amis et ayant prouvé sa fertilité.

Savoir lui plaire

Elle doit être jolie, vertueuse, et bien sûr séduisante, mais pas d'excès dans tout cela : elle doit avoir les dents, les ongles, les oreilles, les yeux et les seins exactement dans la bonne moyenne, ni plus ni moins.

Il faut se souvenir que c'était dans le cadre d'un projet conjugal que ce manuel était composé. Si c'est aussi votre projet, suivez le guide. Sinon, sachez que toute une partie est consacrée aux courtisanes. Votre heure viendra...

Comment être au moins remarquée ?

Dire à quoi une femme doit correspondre, c'est bien, mais le *Kama sutra* préfère éviter les équivoques, et ce qui va sans dire va beaucoup mieux, pour son auteur, en le disant. Ainsi, vous ne ferez pas partie du casting final si :

- vous êtes somnolente ou pleurnicheuse ;
- vous êtes déjà fiancée ;
- vous êtes enceinte ;

- vous êtes menteuse ;
- vous êtes malveillante et méchante ;
- vous êtes l'une de ses amies ou la jeune sœur d'une de ses amies.

KAMA-QUIZ

Nous venons de voir une bonne demi-douzaine de défauts qui privent une femme du plaisir d'être courtisée. À votre avis, parmi les quatre suivants, lequel doit impérativement dissuader un homme de vous demander en mariage ?

- **Vous portez un nom d'étoile.**
- **Vous portez un nom qui se termine par le son « la », « ra », « pa ».**
- **Vous êtes en prison.**
- **Vous êtes sortie de chez vous à ce moment-là.**

Réponse : les quatre !

Comment vous faire bien voir ?

Les sages recommandent aux hommes de commencer par tester les qualités profondes de la personne qu'ils ont en vue : sincérité, pureté, affectivité, etc.

Apparemment, il y aurait des signes perceptibles de toutes ces caractéristiques : une sorte de morphopsychologie avant l'heure. Malheureusement, ils ne disent pas lesquels, sinon tout serait beaucoup trop simple : on les repérerait vite fait et on s'empresserait de les imiter.

Comment vous comporter ?

Mais les sages sont sages : ils préviennent, malgré tout, que ces indices ne sont pas garantis à 100 % et finissent par convenir que le mieux est, quand même, de juger une femme à sa conduite, son discours et au langage de son corps. À partir de là, ils donnent de nombreuses clés pour percer à jour le comportement des femmes. Des renseignements très utiles, qu'on vous livre bien sûr au cours des pages qui suivent...

Faire comprendre que vous êtes disponible

Ainsi, les Anciens, qui avaient beaucoup de temps libre apparemment et des tas d'idées amusantes pour l'occuper, soufflaient volontiers aux hommes les astuces infaillibles pour reconnaître une femme facile. On ne sait pas quoi vous souhaiter : que vous vous reconnaissiez dans cette liste ? ou pas ?

- Celle qui reste devant sa porte.
- Celle qui se met à sa fenêtre.
- Celle qui passe son temps à bavarder chez ses voisins.
- Celle qui dévisage les hommes qu'elle rencontre.
- Celle qui leur lance en douce des regards grivois.
- Celle dont le mari fréquente, sans raison valable, une autre femme (que ce soit bien clair : celle dont le mari fréquente une autre femme, mais pour des raisons valables, n'a pas sa place parmi les femmes faciles).
- Celle qui déteste son époux.
- Celle qui n'a pas d'enfant bien que mariée.
- Celle qui, encore jeune, a épousé un homme riche et finit forcément par le détester.

- Celle qui recherche un homme à la hauteur de sa propre intelligence.
- Celle dont le mari voyage beaucoup.

KAMA-QUIZ

À votre avis, « une jeune fille douée et bien élevée mais boudée par les hommes... » :

- fera ce qui est en son pouvoir pour attirer l'amour ?
- se retirera du commerce du monde ?
- s'essaiera à la fonction de courtisane ?

Réponse : fera ce qui est en son pouvoir pour attirer l'amour.
Mais encore ! Vous vous demandez forcément comment. Voici la réponse :
« Elle arrangera des rendez-vous solitaires. Lui montrera son habileté dans les beaux-arts, lui fera la conversation sur les sujets qui l'intéressent. Cependant, elle ne s'offrira pas elle-même ni ne fera les premiers pas, car elle n'a alors aucune chance d'être jugée favorablement. Malgré ses supplications, elle résistera longtemps, sans toutefois être catégorique. Elle consentira seulement à s'abandonner quand elle aura la certitude que le garçon lui est dévoué et ne l'écartera pas. Elle lui demandera aussitôt de conclure par le mariage, dans les plus brefs délais. »

Comment voir clair dans son jeu ?

Vous avez adressé un premier message déterminant : vous êtes prête à envisager la chose. Maintenant, il prend les choses en main. Voici de quoi interpréter correctement ses comportements :

Comment enclenche-t-il les choses ?

Pour entrer en contact, le *Kama sutra* recommande l'approche directe : rien n'est plus efficace selon son auteur. Étant donné que les femmes volubiles, qui ont la réputation d'être d'un abord facile, ne le sont pas forcément et que celles réputées réservées ou discrètes peuvent très bien se révéler accueillantes, chacun fait comme il sent. L'idée en tout cas est d'essayer la rencontre fortuite : « chez un ami, un ministre ou un médecin » – bon, tout le monde a au moins un ami... – et de préférence à l'occasion d'un événement (« mariage, sacrifice, festival, enterrement, pique-nique ou fête »). Vous avez l'embarras du choix !

Comment attire-t-il votre attention ?

Pendant la rencontre, il doit s'assurer que vous savez ce qu'il ressent pour vous. Et pour cela – c'est simple –, le *Kama sutra* dispose d'une foule d'astuces qu'il lui suggère généreusement. Autant que vous connaissiez le code, sinon vous risquez de passer à côté.

Il s'intéresse à vous si :

- il lisse sa moustache ;
- il fait du bruit avec ses ongles ;
- il fait tinter ses bijoux ;
- il mord sa lèvre supérieure.

Comment vous révèle-t-il ses intentions ?

- Si vous le regardez, il parle de vous à ses amis.
- Il vous rend témoin de sa générosité et de son ouverture d'esprit.

- S'il est assis à côté d'une amie, il bâille, il manifeste son ennui.
- Il se tortille sur son siège.
- Il fronce des sourcils.
- Il vous manifeste une indifférence totale.
- Il prend un enfant sur ses genoux, lui donne un jouet, le lui reprend.
- Avec ses ongles ou un bâton, il fait des traces sur le sol ou des dessins qui se rapportent à vous.

Comment crée-t-il l'intimité ?

- Il revient souvent chez vous, vous rend visite.
- Il joue avec vous à des jeux simples comme, par exemple, découper des formes humaines dans des feuilles d'arbre.
- Il vous parle d'amour.
- Il vous laisse des objets précieux qui lui appartiennent.
- Il revient en récupérer un ou deux de temps en temps.

C'est à ce moment-là, précise le *Kama sutra*, qu'il peut vous présenter sa femme – ce qui est bon signe.

Comment lui faire comprendre qu'il vous plaît ?

Là, il est urgent de passer à l'attaque à votre tour. Selon le *Kama sutra*, certains signes et gestes trahissent l'émoi féminin. À vous de vous emparer de ces indices et d'en jouer à votre convenance !

Une femme est séduite lorsque :

- elle regarde ailleurs quand il la fixe ;
- elle est gênée quand il l'observe ;
- elle le regarde furtivement quand il s'éloigne ;
- elle penche la tête quand il l'interroge ;
- elle répond à ses questions en bafouillant ;
- elle parle à voix haute à ses proches pour attirer son attention ;
- elle s'arrange pour s'attarder auprès de lui ;
- elle prend des poses pour qu'il la remarque ;
- elle transforme sa voix devant lui, même pour parler avec les autres ;
- elle s'entraîne à des tâches sportives devant lui ;
- elle évite de se montrer à lui si elle n'est pas correctement habillée ou préparée ;
- elle porte sans cesse les bijoux qu'il lui a offerts ;
- elle prend l'air ennuyé quand on lui parle d'un autre prétendant.

BON À SAVOIR

Voilà le conseil majeur que le *Kama sutra* souffle aux hommes. On vous le donne aussi – à vous de voir : « Si, après l'avoir rencontrée une première fois, elle accepte de vous revoir et qu'elle est mieux habillée cette fois-là, vous pouvez être certain qu'elle sera à vous sans qu'il soit nécessaire pour vous de recourir à la force. »

Comment le percer à jour ?

L'affaire suit gentiment son cours. Il a compris – ou bien il est vraiment aveugle – qu'il a une ouverture. À lui d'avancer ses derniers pions, de s'efforcer de vous séduire complètement. Mais comment se dévoile-t-il ?

- En parlant, il cherche votre main, la prend dans la sienne.
- Il vous frôle.
- Il attire votre attention sur une image en liaison avec la sexualité.
- Il parle de ses émotions devant la nature, la saison, etc.
- Il vous raconte ses aventures passées et la déception qu'il en a tirée.
- En public, il s'assoit à vos côtés.
- Il vous touche sous le moindre prétexte.
- Si vous nagez ensemble, il plonge et remonte tout près de vous.
- Il met son pied contre le vôtre.

- Mieux encore : « Il appuie doucement son pied sur chacun de vos orteils, caresse le bout de vos ongles, essaie de saisir votre pied tout entier dans sa main, accroche de ses doigts l'extrémité de vos ongles. »
- Enfin, dans un endroit solitaire, en tête à tête, il vous dévoile ses sentiments.
- Et, si vous êtes bien disposée, « vous deviendrez amants autrement qu'en paroles. »

Notons au passage que, tout vieux sages libidineux qu'ils étaient, les Anciens avaient du moins compris l'un de nos fonctionnements essentiels : « Si passionné que l'on soit, conserver la confiance d'une femme oblige à ne jamais être avare de paroles. »

TRUC DE PARESSEUSE

Savez-vous quel est de nos jours le premier reproche fait aux hommes par les femmes ?
« Il ne me parle pas. On ne discute jamais ensemble. Il ne me dit jamais : "Je t'aime." »
Bref, si vous avez un marque-page sous la main, n'hésitez pas à le glisser ici. Et laissez traîner ce livre sur son chemin. Non, arrachez plutôt cette page. Certains conseils de ce livre pourraient lui être trop utiles !

Comment doit-il s'y prendre pour conclure ?

- Si vous avez besoin de quoi que ce soit, il doit vous le donner, sans compter ni son temps ni son argent.
- Il ne doit jamais vous contredire, doit toujours être d'accord avec tout ce que vous dites.
- Si vous êtes une toute jeune fille, il doit prendre toutes les précautions pour ne pas vous effaroucher et utiliser son argent pour vous acheter des vêtements, des bagues et des fleurs.
- Sinon – tant pis pour vous –, toutes ces précautions, disent les sages, sont superflues.
- Il doit vous emmener dans un endroit isolé, vous embrasser et effleurer votre corps en vous serrant furtivement.

CONSEILS POUR ÉPARGNER BIEN DES ENNUIS AUX HOMMES

- « Essayez d'éviter de séduire deux femmes en même temps, préviennent les sages. Mieux vaut parvenir à vos fins avec l'une, profiter de ses faveurs, et entretenir son affection par des petits cadeaux, puis, à ce stade, commencer la conquête de l'autre. » Par ailleurs (et le *Kama sutra* est formel) : « Il ne faut pas chercher à conquérir une femme mariée quand son mari est dans sa maison. » Qu'ils se le tiennent pour dit !
- Enfin, un homme raisonnable fera passer sa réputation avant tout : on ne séduit pas une fille trop peureuse, ou trop timide, ou au contraire trop bavarde (elle pourrait se répandre et ternir une réputation), ou encore une fille bien gardée par son mari ou sous l'emprise de ses beaux-parents.

Comment le subjuguer ?

Quelle que soit l'intensité de ses sentiments pour vous, un homme se doit de tenir compte de certaines considérations : la sagesse, la moralité...

À partir de là, à vous de jouer finement votre jeu !

Les hommes qui en valent la peine

Inutile de déployer trop d'efforts pour séduire un homme qui n'en vaut pas la peine. Les vieux sages, qui étaient de fins observateurs, se sont donc attachés à établir une liste de ceux qui méritent votre intérêt et vous les recommandent dans l'ordre (c'est surtout cet ordre qui vaut) :

- Les bons amants
- Les bons conteurs
- Les amis d'enfance
- Ceux qui ont bonne réputation
- Ceux qui vous écoutent quand vous désirez vous confier
- Les hommes généreux
- Les hommes éloquents
- Les hommes élégants
- Les hommes sensuels, même si ce sont vos domestiques
- Les hommes récemment mariés
- Les hommes qui aiment faire la fête
- Les hommes courageux
- Les hommes forts

TRUC DE PARESSEUSE

Vous ne faites pas partie du même monde ?
Le *Kama sutra* vous rassure : même si vous avez des origines différentes, vous pouvez obtenir l'homme de vos rêves. Il vous faudra, malgré tout, adopter ses us et ses coutumes. Ouf ! vous voilà soulagée : le *Kama sutra* précise, quand même, qu'il vaut mieux alors choisir un homme faible et influençable (par vous !) qui pourra se rebeller contre l'avis de ses parents.

Avant de s'emballer

Vous l'avez repéré – c'est bien. Mais avant de vous emballer, réfléchissez bien à cela, jeune fille :

- Si vous êtes très recherchée, n'épousez qu'un homme que vous aimez.
- Si vos parents vous poussent dans les bras d'un homme riche, dites-vous bien que vous ne vous attacherez jamais à lui, même s'il est bon, obéissant, fort, en bonne santé et empressé. (Et si c'est vous qui y allez de votre plein gré, même pas forcée par qui que ce soit, le conseil est toujours valable.)
- S'il manque d'intelligence, ou si c'est un joueur invétéré ou bien un voyageur impénitent, ou encore s'il semble du genre à ne s'intéresser qu'à son propre plaisir, ça fera de toute façon un mauvais mari. (Mais un mari quand même, en même temps !)
- Alors, parmi tous vos prétendants, le mieux est quand même de choisir celui qui comble vos rêves et vos attentes, car lui seul pourra vous rendre heureuse à jamais.
- Bon, et s'il n'y a qu'un prétendant, on fait comment ? Et s'il n'y en a pas ?

Attirer son attention

Le meilleur moyen d'accrocher un homme, c'est de vous rapprocher de lui et de vous arranger pour le voir souvent, à partir du moment, bien sûr, où vous avez quelques qualités... que vous prendrez bien soin de lui faire connaître – on vous fait confiance ! N'hésitez pas à faire étalage de vos talents, notamment dans les soixante-quatre arts (ils sont évoqués plus haut), mais surtout, surtout : parlez-lui des sujets qui l'intéressent, lui.

Ne pas gâcher ses chances

Difficile de croire que le *Kama sutra* était sponsorisé par des ligues de vertu. Pourtant il se montre d'une redoutable intransigeance et reste ferme sur ses recommandations quand il s'agit du comportement des femmes : aussi fort que soit votre désir, ne vous jetez pas à ses pieds. Si c'est vous qui faites le premier pas au jeu subtil de l'amour, « vous vous avancez sur une mince couche de glace » : vous perdez votre dignité, votre fierté, votre propre estime et vous risquez d'être critiquée et rejetée.

Attiser sa flamme

Que faire si c'est lui qui se découvre et prend l'initiative ? Eh bien, résistez ! Vous n'en serez que plus désirable...

- Quand il vous enlace, feignez l'indifférence.
- Quand il essaie de vous embrasser, opposez-vous.
- Quand il devient plus audacieux, refusez-vous.
- Quand il vous supplie de faire l'amour, ne lui laissez toucher que « les parties les plus tendres », et encore : en rendant cela extrêmement difficile.

- Enfin, quand il a réussi à vous allonger, ne lui cédez pas « trop facilement ».

CONSEIL POUR NE PAS ÊTRE DÉÇUE

Le *Kama sutra* est d'une incroyable lucidité et vous met en garde : parfois, un homme peut faire énormément d'efforts pour conquérir une femme et, si ça ne donne rien, revenir sans cesse à la charge, souvent avec une ardeur croissante ; puis, sans crier gare, alors qu'il aura enfin atteint son but, se montrer soudain totalement indifférent. Et nous qui supposions que c'était une spécialité de notre siècle et de notre civilisation !

Garder sa dignité

Si vous souhaitez avoir des enfants et fonder une famille, comme les hommes ne sont pas toujours très conséquents, mieux vaut, selon le *Kama sutra*, rester prudente et repousser ses avances :

- s'il aime les voyages plus que vous ;
- s'il apprécie davantage ses amis que vous ;
- s'il est déjà amoureux d'une autre ;
- s'il ne se montre pas très amoureux avec vous ;
- s'il semble vous aimer moins que vous ne l'aimez ;
- si vous craignez qu'il ne vous reproche trop vos défauts ;
- si vous pensez qu'il n'a pas la force de contrôler ses mauvais penchants ;
- si vous aimez votre mari ;
- ou encore si vous pensez que ça peut être un coup de votre mari pour tester votre fidélité !

Éviter les mauvais plans

De plus, le *Kama sutra* vous supplie de ne pas vous forcer si :

- sa notoriété vous intimide ;
- sa grossièreté vous révulse ;
- son ignorance vous accable ;
- ses cheveux gris vous dépriment ;
- son physique minable vous repousse.

Mais aussi :

- si vous êtes femme gazelle, et qu'il semble avoir de gros besoins ;
- si vous êtes une femme éléphant et que vous le suspectez d'être un homme lièvre (des indices, s'il vous plaît, des indices !).

Mais ne désespérez pas : grâce à votre aide, votre amoureux pourra s'améliorer. Il y a certains défauts dont il pourra se débarrasser : le timide peut devenir entreprenant, l'orgueilleux plus accessible... À vous de juger quel progrès vous êtes en mesure de lui faire faire.

Comment passer à l'attaque ?

Il est vrai que les temps ont changé. Désormais, les femmes aussi prennent l'initiative. Mais croyez-vous vraiment que ce soit si récent ? Eh bien, pas du tout. Les sages indiens avaient aussi prévu le coup !

Prendre l'avantage

Il vous plaît vraiment ? Mais il reste de marbre. Peut-être qu'il est ailleurs, dans son monde. Faites alors tout ce qui est en votre pouvoir pour piquer son intérêt : arrangez des rendez-vous solitaires avec lui, le soir de préférence ; offrez-lui des cadeaux ; ou montrez-lui comme par hasard vos talents – notamment pour les massages et les caresses.

En revanche – et là, les vieux sages sont définitifs –, vous ne devez à aucun prix faire les premiers pas (tout ce qui précède n'a rien à voir avec ce genre de manœuvre) et moins encore vous offrir à lui la première : vous risqueriez d'être mal jugée – ce qui, avouez-le, serait dommage.

TRUC DE PARESSEUSE

On vient de plaisanter, mais dans une enquête récente, on pouvait constater que 27 % des hommes n'envisageaient pas de construire une relation durable avec une femme avec qui ils avaient couché le premier soir... Et 38 %, dans les mêmes circonstances, refusaient l'idée de faire un enfant avec elle. Vous êtes prévenue !

Faire monter la pression

Conservez un peu de retenue, d'accord, mais pas au point de le voir, dépité, courir vers une autre ! Donc, quand vous êtes sûre de lui et de vous, commencez à lui adresser quelques petits messages d'encouragement :

- Quand il vous enlace, montrez-vous sereine.

- Acceptez ses avances, mais en faisant comme si vous ne vous rendiez compte de rien.
- Refusez les baisers.
- Quand il fait sa première tentative, permettez-lui de vous toucher, mais pas plus.
- Résistez un maximum, même s'il insiste. Surtout s'il insiste.
- Trouvez des prétextes : le moment est mal choisi ; ce n'est pas l'endroit... on vous fait confiance.
- Ne cédez que lorsque vous aurez la certitude qu'il tient à vous.
- Arrangez-vous alors pour fixer la date du mariage dans les plus brefs délais.

Comment lui faire comprendre qu'il ne faut pas insister ?

Et puis il y a ces fois, désolantes, où, même si on se raisonne, l'homme qui nous courtise ne nous fait ni chaud ni froid. Dommage, parce qu'un homme à qui l'on plaît restera toujours un homme à part dans notre esprit, et on lui garde une sorte de tendresse, comme pour lui être reconnaissante de s'être intéressé à nous... En attendant, autant le lui faire savoir.

Résister

S'il a été élevé au *Kama sutra*, ça ne va pas être facile de lui faire abandonner l'affaire sans s'obstiner.

Les sages, les Anciens tout du moins, n'y vont pas par quatre chemins : selon eux, les femmes sont toujours attirées par les hommes beaux qu'elles croisent. Et si elles ne le montrent pas, c'est simplement à cause des contraintes sociales. C'est ce qui leur permet de conseiller aux hommes de tenter plusieurs fois leur chance, même si une femme au début repousse leurs avances. D'autant que, disent-ils, quand elle aime, une femme est possédée par des forces qui la dépassent et qui la font céder, pour peu que l'homme sache s'y prendre...

Le rembarrer

À présent, imaginez qu'un homme qui ne vous plaît pas du tout vous colle et vous poursuive. Eh bien, dites-le-lui bien droit dans les yeux. Normalement, vous devriez en être débarrassée. C'est l'avantage de vivre ici et maintenant. Parce que, à l'époque du *Kama sutra*, quand la femme courtisée se montrait plutôt distante, les vieux sages, eux, recommandaient de s'obstiner.

Certes, ils avançaient qu'une femme qui se laissait faire la cour sans rien donner en échange devait être considérée comme une tricheuse et une menteuse – ce qui normalement aurait dû la rayer directement de la liste des filles possibles. Mais ils ne préconisaient pas de renoncer ! Ce qui prouve que les vieux sages aussi sont capables de mauvaise foi...

Se montrer limpide

Les Anciens conseillaient à l'amoureux transi de s'obstiner – c'est vrai – car, avec un peu de chance, affirmaient-ils, il arriverait malgré tout à conquérir l'élue de son cœur. Ainsi, si vraiment l'amoureux éconduit ne savait plus à qui se vouer, ils suggéraient ce petit test :

- Au moment où la femme en question s'endort près de lui, l'homme éconduit doit l'enlacer du bras gauche.
- Quand elle s'éveille, il doit vérifier si elle le repousse aussitôt ou si elle se laisse faire mine de rien. Si elle se laisse faire, il l'enlace d'un peu plus près. Si, à ce moment-là, elle le rembarre, mais que le lendemain elle fait semblant d'avoir oublié l'incident, en fait, c'est qu'elle veut bien.
- Si elle refuse de se montrer, il faut lui envoyer un ami. Et si alors elle se montre, c'est qu'elle est à lui !

En finir enfin

On imagine d'ici les quiproquos ! D'autant que ça continue : « Elle ne vous encourage pas, mais elle ne vous évite pas non plus – c'est bon signe. »

Il leur fallait quoi pour capter le message ? Qu'elle se cloître à vie chez elle, histoire d'être sûre de ne plus jamais croiser son chemin ou qu'elle s'exile à l'autre bout du monde ?

Mais – rassurez-vous – les sages n'étaient pas sages pour rien : si elle persiste, se montre indifférente, il est temps, disent-ils (sans préciser justement au bout de combien de temps), de réfléchir pour savoir si elle en vaut vraiment la peine. Il y en a qui, sans être des vieux sages, auraient pu leur conseiller la même chose, mais plutôt avant de commencer tout ce manège !

Comment contourner des parents réticents ?

Maintenant, il existe aussi un autre cas : la fille l'aime en retour mais ses parents ne peuvent pas le supporter. Résultat : ils mettent des bâtons dans les roues et s'opposent à leur union.

Savoir forcer la main...

Là aussi, pas de panique : les sages sortent aussi sec de leur sac leurs conseils avisés. Le but du jeu, c'est de consommer. Le calcul est simple et ancestral : dès qu'il l'aura eue, disent les sages, les parents se laisseront plus facilement convaincre. Donc – hardi le gars –, on s'arrange pour passer à l'acte, puis on refait tranquillement sa proposition. D'autant qu'une pareille union a une excellente réputation car elle apporte beaucoup de bonheur, comporte peu de contraintes (même pas le dimanche midi chez les beaux-parents !), et ne répond qu'à une seule nécessité : l'amour.

... pour arriver à ses fins

Il s'agit juste de passer à l'acte. Vous allez voir, il faut beaucoup plus ardu pour démonter une petite bande de vieux sages indiens :

- Le jeune homme fait intervenir une amie de la jeune fille pour qu'elle la conduise chez lui. Puis il passe à l'acte.
- Il fait intervenir le frère de la jeune fille dans le même but. Comme c'est un jeune homme, il se montre compréhensif et accepte de devenir son complice. Il amène la jeune fille. Et lui, il fait pareil.

- Il se met bien avec la sœur de lait de la jeune fille. Il lui demande gentiment de faire absorber en douce à sa bien-aimée une boisson enivrante et aphrodisiaque, et elle accepte. Quand c'est fait, il la conduit dans un endroit propice et... il fait pareil, quitte à la forcer un peu.
- Il l'enlève. Dans ce cas, il doit s'arranger avec sa sœur de lait pour profiter du sommeil de la jeune fille. Il viole sa bien-aimée avant son réveil, et le tour est joué !

Prudents, les sages précisent, pour conclure, que les moyens qu'ils donnent vont du meilleur... au pire !

CONSEIL POUR SÉDUIRE UNE FILLE MALGRÉ LE REFUS DE SES PARENTS

Si tout ce qui précède ne suffit pas, les vieux sages avaient encore un vieux truc dans leur sac :
« Le dernier moyen consiste à enlever la jeune fille avec l'aide d'amis quand elle se rend dans un village des environs, après avoir rossé, terrorisé, ou même tué ses gardes du corps. Ensuite, on procède comme indiqué plus haut. » Fastoche, non ?

DIX FAÇONS DE SE FAIRE COMPRENDRE AUTREMENT QU'AVEC DES MOTS

1. Dites-lui que vous l'aimez passionnément

Offrez-lui des fleurs rouges.

Pour signifier aux autres que vous n'avez qu'un seul amour, habillez-vous d'une seule pièce de vêtement.

2. Montrez-lui que vous êtes dans tous vos états

Pour dire que l'amour vous met en pièces, portez des vêtements de bonne qualité mais déchirés.

3. Dites-le avec vos vêtements

Pour dire que l'amour vous consume à petit feu, portez des vêtements jaunes ou orangés.

4. Rendez-le jaloux

Pour dire que votre cœur est partagé, portez deux pièces de vêtements.

5. Donnez-lui une dernière chance

Il comprendra que vous commencez à vous lasser si vous attachez vos fleurs d'un ruban noir.

6. Montrez-lui que tout est fini entre vous

Séparez-vous de lui en lui offrant des fleurs orange.

7. Faites savoir aux autres que vous êtes disponible... ou non

Pour dire que vous venez de vous séparer, arborez quelque temps (pas trop quand même !) des vêtements très usés.

Pour dire que vous célébrez des retrouvailles, portez des vêtements recousus.

8. Faites-lui comprendre que vous êtes d'humeur câline

Pour dire « érotisme », touchez-vous les cheveux.

9. Montrez-lui vos sentiments

Pour dire « amour », touchez-vous la poitrine des deux mains.

10. Prenez l'initiative

Pour demander : « Quand ? », placez le majeur d'une main sur l'auriculaire de l'autre, mais pour dire : « Maintenant ! », joignez les deux mains.

chapitre 4

Comment vous l'attacher à vie

Comment piquer aux courtisanes les subterfuges et les stratagèmes qui leur permettent de posséder les hommes ?

Se glisser dans la peau d'une courtisane, ce n'est pas trop votre truc. Commençons par comprendre la situation : dans l'Inde ancienne, une courtisane, *veshya* en sanskrit, n'est pas une traînée. C'est une femme qui a décidé, un jour, de monnayer ses talents. Les sages la mettent néanmoins en garde : il faut bien peser le pour et le contre, parce qu'une fois engagée dans la profession, plus moyen de faire marche arrière. Mais en aucun cas ils ne la mettent au ban de la société.

En fait, nos fameux sages, dans leur volonté de maîtriser tous les tenants et aboutissants de leur thème de prédilection, l'amour, ont bien été obligés de se pencher sur les courtisanes, qui avaient leur rôle à jouer en la matière. Pour mieux comprendre leur fonctionnement, ils cherchaient à percer à jour leurs motivations. Contrairement à d'autres sujets où ils donnaient des avis plutôt tranchés, là, ils se contentaient de proposer des explications. Pour eux, une jeune fille devient courtisane :

- par goût pour l'amour ;
- par goût pour la promiscuité ;
- par goût pour la célébrité ;
- par peur (mais de quoi ?) ;
- par vengeance (mais vis-à-vis de qui ?) ;

- ou bien parce que c'est dans la nature des femmes de céder au désir des hommes.

Vatsyayana claquait alors le bec des sages avec sa propre version des faits. Il donnait trois causes possibles, selon lui, à cette vocation :

- la cupidité ;
- le désir d'échapper à la pauvreté ;
- le besoin d'être aimée.

Dans le besoin d'être aimée, on se reconnaît toutes.

CONSEILS POUR RÉUSSIR DANS LA CARRIÈRE DE COURTISANE

- « Soyez toujours bien habillée et bien maquillée. »
- « De chez vous, faites en sorte qu'un œil curieux puisse vous apercevoir. »
- « Entretenez de bonnes relations avec des gens qui peuvent vous introduire auprès des hommes que vous souhaitez séduire. »
- « Ayez autour de vous des hommes de pouvoir qui pourront vous protéger d'amants méchants ou vous épauler dans les périodes difficiles. »

Mais où allaient-ils chercher tout ça, ces vieux sages ?

Savoir se faire aimer

Dans la vie d'une courtisane, disons qu'il y avait deux enjeux : l'argent et le pouvoir. Soutirer de l'argent aux hommes et avoir assez de pouvoir sur eux pour qu'ils ne la quittent pas.

À en croire les sages, le premier de ces enjeux devait en toute chose prévaloir : « Une fois qu'une jeune fille a choisi cette voie, elle donnera plus d'importance à l'argent qu'à toute autre considération. » Ce qui en faisait, au fond, une jeune fille extraordinairement libre. Libre de ses choix de vie, de ses relations, de ses plaisirs.

Alors, si vous prenez une fille qui a besoin d'être aimée, d'un côté, et qui est libre de ses mouvements, de l'autre, vous obtenez... une fille d'aujourd'hui !

Ainsi, à partir du moment où une jeune fille choisissait, en devenant courtisane, de mener la danse, le *Kama sutra* lui recommandait vivement de dissimuler ses motivations profondes derrière une apparence de désir et lui donnait tout un tas d'astuces pour entretenir son amant dans cette illusion. C'est là que, pour nous toutes, les choses commencent à devenir intéressantes ! Car : « Tout homme doit être convaincu d'éveiller en vous une telle attirance et un tel désir que tout le reste [et ce reste-là est laissé à la discrétion de chacune] en découlera tout naturellement. »

TRUC DE PARESSEUSE

« Les hommes ont besoin d'être flattés, et chacun d'eux doit quitter la chambre en étant convaincu qu'il est le plus grand amant de tous les temps... » Vous le saviez peut-être déjà !

Comment être irrésistible ?

Tout simplement en cumulant les qualités suivantes : un corps séduisant, une voix douce et chaude, une jolie façon de s'habiller, une véritable aisance en société, une bonne éducation, une bonne connaissance du *Kama sutra*, sans oublier un goût prononcé pour l'amour...

Par ailleurs, vous devez rester fidèle à vos amants, être curieuse de tout ce que vous pouvez apprendre mais demeurer discrète quand c'est nécessaire, ne jamais vous mettre en colère, ne jamais chercher la discussion, et moins encore la dispute.

Bon à savoir : le *Kama sutra* estime qu'il est plus facile de se montrer amoureuse si on évite :

- les hommes avares ;
- les hommes louches ;
- les hommes malades ;
- les hommes vulgaires ;
- les hommes qui ont mauvais caractère ;
- les hommes qui ont mauvaise haleine ;
- et les hommes trop amoureux de leur femme !

Entrez en contact

Quand un homme approche une femme, elle doit, une fois encore, se montrer prudente. Car les hommes – vous l'avez compris – n'aiment pas les conquêtes faciles. Avant tout, sondez ses intentions réelles. Et validez deux ou trois bricoles : est-il honnête ? a-t-il d'autres maîtresses ? et, bien sûr, a-t-il de l'argent ?

Une fois ces détails réglés, faites-lui savoir que vous souhaiteriez le rencontrer. Fixez le rendez-vous chez vous. Quand il arrive, accueillez-le avec des cadeaux que vous prétendrez avoir choisis vous-même, même si vous en avez confié la responsabilité à quelqu'un d'autre. Racontez-lui des histoires qui l'amusent. Enfin, soyez très gentille avec lui. Après cela, rendez-vous chez lui en saisissant le moindre prétexte.

CONSEIL POUR ÊTRE PLUS SAGE QUE LES SAGES

Les sages donnaient tous ces conseils en étant parfaitement conscients de leurs limites : ce qu'ils ne mentionnaient pas serait inventé en fonction des coutumes et de la nature de chacun, par des femmes à l'esprit très complexe et à l'imagination très féconde. Bref, ils savaient pertinemment que les femmes pouvaient faire infiniment plus tordu qu'eux, car : « Qui peut vraiment savoir ce qui se passe dans leur tête ? » Alors, laissez-vous porter par vos instincts !

Rendez-vous inoubliable

Une fois que vous vous l'êtes attaché, pour qu'il vous reste soumis, restez-lui fidèle, faites tout pour le satisfaire, faites semblant, si nécessaire, de l'aimer, mais surtout ne vous attachez jamais complètement à lui.

Pour vous rendre indispensable, arrangez-vous pour vous éloigner souvent, en vous servant de n'importe quelle excuse.

Rendez-le fou

Là – il faut le reconnaître –, le *Kama sutra* vire carrément au diabolique. Mais qui a dit que les femmes étaient des anges ?

Lorsqu'il vous emmène dans son lit :

- n'étalez pas trop votre expérience sexuelle ;
- limitez-vous à faire ce vers quoi il vous entraîne, sans prendre trop d'initiatives ;

- manifestez votre étonnement et votre ravissement devant tout ce qu'il vous fait ;
- ne le négligez pas, ne serait-ce qu'un instant ;
- faites tout ce qu'il vous demande ;
- embrassez-le pendant qu'il dort ;
- montrez-vous inquiète quand il se montre pensif ;
- ne soyez ni trop pudique ni trop indécente.

TRUC DE PARESSEUSE

Suivez ce conseil pas franchement nouveau, mais toujours valide : dites toujours à un homme qu'il est beau. Même s'il est laid ? Surtout s'il est laid ! C'est à 87 %, selon un sondage mené auprès de femmes, le compliment qui leur a le mieux permis d'arriver à leurs fins – quelles que soient « leurs fins », d'ailleurs.

Rendez-le aussi sage

Maintenant qu'il vous est attaché, pour le garder il vous faut encore apprendre quelques astuces :

- Écoutez ses bonnes actions et ébruitez-les autour de vous. S'il vous les répète, faites comme si vous les entendiez pour la première fois.
- Écoutez toutes ses histoires, à part – c'est impératif – celles avec d'autres femmes.
- Ne faites l'éloge d'aucun homme en sa présence.
- Ne critiquez pas devant lui ceux qui ont les mêmes défauts que lui.

Tu es trop fort.

- o Proposez de l'accompagner quand il doit partir à l'étranger.
- o Dites-lui combien il compte dans votre vie.
- o Montrez-vous reconnaissante envers lui.

CONSEILS POUR RECONNAÎTRE UN HOMME AMOUREUX

- **Il écoute tout ce que vous lui dites.**
- **Il change pour vous faire plaisir.**
- **Il cède à tous vos caprices.**
- **Il ne se préoccupe jamais de ce que vous lui coûtez.**

La question est : un tel homme existe-t-il ?

Rendez-le tendre

Pour cela, prenez sa main et posez-la sur votre visage, sur votre poitrine... Endormez-vous sur ses genoux. Dites-lui que vous aimeriez avoir un enfant de lui (mais sans jamais l'exiger de lui). Montrez-lui que vous prenez du plaisir à utiliser ses objets personnels. Enfin, faites-lui des compliments sur son caractère, sa gentillesse, ses talents, ses amis, sa famille. Si après ça il n'est pas doux comme un agneau !

Comment être irremplaçable ?

Voici quelques trucs pour vous l'attacher :

- o Réagissez dès qu'il soupire, bâille ou éternue.
- o Même s'il chante très mal, écoutez-le avec attention et bienveillance.

- Allez le rejoindre là où il est malgré la pluie, le froid ou la chaleur. Accompagnez-le chaque fois qu'il vous le demande dans toutes les réceptions où il est invité.
- Ne vous montrez pas trop dépensière avec son argent, soyez raisonnable.
- Dites-lui combien vous êtes heureuse d'être sa femme, combien vous le resterez même au-delà de la mort, même (et voilà qui est vraiment très fort, surtout pour celle qui considère la réincarnation comme une vérité première) dans votre prochaine vie.
- Et s'il apprend que vous lui avez été infidèle, criez, pleurez, maudissez le destin.

TRUC DE PARESSEUSE

Le *Kama sutra* y revient souvent ; cela doit donc avoir son importance : « Surtout, n'oubliez pas d'être gentille avec lui. »

Comment vivre quand il s'absente ?

Le conseil des sages était de suivre votre amoureux dans tous ses déplacements. Mais si, parfois, il ne peut vraiment pas vous emmener, apprenez à vous conduire comme il convient : lorsque vous apprenez son départ, criez, pleurez, dites que vous ne pourrez vous faire à son absence.

Une fois qu'il est parti, menez une vie simple...

Si son retour est retardé, consultez un astrologue pour avoir des nouvelles (vous pouvez aussi l'appeler sur son portable, mais n'en dites pas un mot aux vieux sages : ça risquerait de les dérouter).

KAMA-QUIZ

Votre amoureux est loin ? Terminez les phrases suivantes :

1. De bons rêves signifient...

... que tout va bien pour lui.

... que tout va bien pour vous.

... que vous serez bientôt réunis.

La bonne réponse est la dernière.

2. Quand il revient...

... faites des sacrifices aux dieux.

... jetez-vous dans ses bras.

... prévoyez une nuit agitée.

La bonne réponse est la première.

3. S'il vous néglige en revenant...

... envoyez-lui une amie pour vous rappeler à son bon souvenir.

... arrêtez tout rite religieux pour économiser de l'argent.

... passez-le voir à l'improviste pour réveiller son désir.

La bonne réponse est la deuxième.

Quelques stratagèmes de courtisanes

Maintenant, si, malgré tout l'amour qu'il vous porte, il se montre un peu regardant du côté des sous, sans être courtisane, rien n'interdit de recourir à quelques-uns de leurs stratagèmes.

Normalement, les courtisanes elles-mêmes n'en avaient pas besoin car l'argent faisait partie du marché. Mais, disait Vatsyayana, ces artifices leur permettaient aisément de doubler leur gain ! Il ne voyait donc aucune raison pour qu'elles s'en privent...

- Demandez-lui plus d'argent que nécessaire pour acheter les boissons, la nourriture, les vêtements. Parfois même, demandez l'argent, mais n'achetez rien.
- Flattez-le pour sa générosité, puis faites croire que vous devez acheter des cadeaux à ses amis.
- Faites-lui croire que vos bijoux ont été volés et vendez-les. Bien sûr, prétendez que ses bijoux à lui étaient justement avec les vôtres.
- Refusez de l'accompagner à une réception chez des amis en prétextant que vous n'avez pas les moyens de leur apporter un cadeau convenable. Ou, plus subtil encore, en disant que vous ne pouvez acheter des cadeaux aussi chers que ceux que ces amis vous ont faits quand ils sont venus chez vous. Déplorez de ne pouvoir participer à certaines fêtes par manque de moyens.
- Faites des frais et faites-lui adresser les factures. Dans le même genre, faites semblant d'être malade et faites-lui payer la facture.
- Rassemblez ostensiblement vos bijoux, vos meubles, vos vêtements coûteux, et demandez-lui de s'éloigner quelques heures pour lui éviter d'avoir à croiser les huissiers.
- Demandez à vos amis de lui raconter combien vos anciens amoureux étaient généreux.
- Dites-lui que votre mère vous conseille de retourner avec votre ancien amoureux, parce qu'il était infiniment généreux, mais que vous avez refusé, par amour pour lui.
- Achevez-le en lui disant qu'un ancien amoureux, infiniment généreux, a repris contact avec vous.

DIX FAÇONS DE VOUS L'ATTACHER À VIE EN S'INSPIRANT DE L'ART DES COURTISANES

1. Faites-vous aimer...

... en lui faisant sentir qu'il éveille en vous une telle attirance, un tel désir... qu'il ne pourra plus se passer de vous !

2. Rendez-vous unique

Il doit quitter la chambre en étant convaincu qu'il est le plus grand amant de tous les temps.

3. Soyez irrésistible

Un corps séduisant, une voix douce et chaude, de l'aisance en société, et une bonne connaissance du *Kama* sutra : tous les atouts pour qu'il renonce à toute résistance.

4. Montrez-vous prudente

Les hommes n'aiment pas les conquêtes faciles. Ne cédez pas trop vite – du moins si vous entendez faire un petit bout de chemin avec lui.

5. Rendez-le fou

N'étalez pas trop votre expérience sexuelle. Manifestez votre étonnement et votre ravissement devant tout ce qu'il vous fait.

6. Flattez-le

Écoutez toutes ses prouesses (sauf sexuelles !). Et même s'il rabâche un peu, faites comme si vous les entendiez pour la première fois.

7. Rendez-le tendre

Prenez sa main, posez-la sur votre joue, votre poitrine. Endormez-vous sur ses genoux. Enfilez sa chemise préférée...

8. Dites-lui qu'il est beau

Même s'il est laid ? Surtout s'il est laid. C'est le compliment n° 1, celui qui touche le plus les hommes.

9. Parlez-lui de ce qui l'intéresse

Le reste, vous en parlerez avec vos copines... Alors avec lui, faites un effort !

10. Rendez-vous indispensable

Absentez-vous de temps en temps, sous n'importe quel prétexte. Votre présence n'en sera que plus précieuse.

chapitre 5

Comment compter jusqu'à 64 : les positions, enfin !

Va-t-on enfin savoir comment trouver le plaisir ?

Nous voilà enfin dans le vif du sujet. En préambule (on vous le rappelle) : difficile de comprendre pourquoi ce chiffre de 64 s'est imposé dans les esprits et s'est inscrit dans les mémoires, car il n'y a sûrement pas soixante-quatre positions décrites dans le *Kama sutra*.

Il y a, *a priori* – c'est vrai –, huit thèmes abordés : les étreintes, les baisers, les griffures, les morsures, les positions au lit, les sons à produire avec la bouche, la femme dans le rôle de l'homme, la fellation. Mais d'une part, si on observe ces thèmes, on a un peu l'impression qu'il s'agissait de trouver huit chapitres et qu'on a fait avec ce qu'on avait sous la main. D'autre part, même si on cherche bien, difficile d'isoler huit sous-parties pour chacun.

Comment vous faire encore un peu languir ?

Et si vraiment on voulait trouver une explication, il faudrait chercher du côté du chiffre 8, qui revient souvent en Inde : les huit divinités, les huit formes de Shiva, les huit éléphants, les huit serpents, les huit choses de bon augure. À noter aussi que le carré de 8 (64) est le chiffre de prédilection de la culture indienne : les soixante-quatre arts, les soixante-quatre connaissances, les soixante-quatre versets, etc.

Comment vous donner enfin satisfaction ?

Un amant convenable, affirment les vieux sages libidineux qui s'exprimaient par la voix de Vatsyayana, devait connaître sur le bout des doigts les soixante-quatre manières de faire l'amour, au même titre que les soixante-quatre autres arts et sciences de la vie. Mais ils avançaient également que, compte tenu des goûts, des sensations, des désirs – bref, de l'individu –, les techniques sont en fait innombrables.

Une fois de plus : pour se mettre en train, on lit ; puis on ferme le livre et on suit son inspiration.

CONSEIL POUR SAVOIR SI L'ON AIME

Selon les anciens maîtres, il existe quatre sortes d'amours : l'amour qui naît de l'habitude, l'amour qui naît des fantasmes, l'amour qui naît de la confiance, et enfin l'amour qui naît des sens.
C'est le dernier qui recueillait tous leurs suffrages ; les sages soutenaient qu'il procurait un plaisir supérieur à celui des trois autres... tout en précisant que les trois autres lui étaient toujours associés.

Comment approcher le plaisir de très près ?

Pour commencer, le *Kama sutra* liste les quatre étreintes préliminaires, celles qui permettent d'entrer en contact.

BON À SAVOIR

L'ensemble de ces conseils était adressé aux hommes, et nous allons conserver, par facilité, le genre masculin. Il n'empêche qu'on peut tout transposer au féminin : ça marche aussi bien et, aujourd'hui, c'est non seulement permis mais même recommandé !

Tout commence par un frôlement...

L'homme – puisque c'est lui qui mène le jeu –, sous un prétexte quelconque, de face ou de côté, touche délicatement la femme qu'il convoite. De son côté, dans un lieu isolé, elle approche son corps du sien et laisse le corps de l'homme l'effleurer.

... puis le percement...

« Si une femme, une fois de plus dans un lieu isolé, sous prétexte de ramasser quelque chose à terre qu'elle aurait fait tomber, peut-être même exprès, s'approche de vous, se penche, que vous soyez debout ou assis, et presse ses seins contre vous, vous pouvez la caresser furtivement, en vous montrant très prudent », et conclure qu'elle vous veut du bien.

Cette approche-là s'appelle « percement », non pas parce que vous avez percé ses intentions à jour, mais que son sein, en vous touchant, vous a comme percé de sa pointe.

... suivis du frottement...

Si les deux étreintes précédentes étaient réservées à ceux qui n'étaient pas encore « ensemble », comme on dit aujourd'hui, les deux qui viennent à présent concernent des couples déjà déclarés.

Deux amoureux se promènent lentement, le soir, dans l'ombre d'un jardin ou dans l'éclat d'un marché animé. Soudain, leurs corps se frôlent puis, se cherchant, se trouvent, jusqu'à ce que leurs contours s'épousent. Il s'agit là de l'étreinte dite « frottement ».

... et enfin du pressage

Nous en étions là, dans ce frottement palpitant, quand l'un des deux, pour une raison qui lui appartient, s'adosse contre un mur ou un pilier. L'autre presse alors son corps contre le sien, de tout son poids, jusqu'à lui faire perdre le souffle.

Il s'agit là – on l'aura compris – du « pressage ». Ou encore « enlacement », dans certaines traductions, mais la notion de « se presser contre l'autre » semble malgré tout plus appropriée et surtout plus suggestive. En tout cas, il est dit que ceux qui pratiquent ces deux dernières catégories d'étreinte se connaissent bien, voient clairement où ils veulent en venir tous les deux, sans s'en effrayer. Ils peuvent donc sans scrupule aller plus loin.

On continue ?

L'enlacement de la liane

La première des quatre étreintes suivantes (deux debout, deux couchés) s'appelle « l'enlacement de la liane » ou « l'enlacement du reptile », selon les auteurs. Elle consiste, pour une femme, à se lover contre un homme, à s'enrouler autour de lui, à s'accrocher à lui comme à un tronc d'arbre, puis à lever son visage vers lui pour approcher sa bouche de la sienne, et prononcer doucement le son

l'enlacement de la liane

prolonger
les moments agréables

le mélange des grains
de sésame et du riz

le mélange de l'eau
et du lait

« sit » (nous verrons plus tard pourquoi) avant de lui donner un baiser fougueux.

Ça commence à monter, là, non ?

TRUC DE PARESSEUSE

« Certaines étreintes qui ne sont pas mentionnées dans le *Kama sutra* peuvent être pratiquées pendant l'union sexuelle si, bien sûr, elles entraînent une augmentation du désir et du plaisir. »
Donc – vous voyez –, si vous êtes incapable de retenir un mode d'emploi, vous pouvez toujours vous débrouiller toute seule.

Grimper à l'arbre

Ou « aux branches », comme vous voulez ! En effet, après ce premier baiser, la femme pose un pied sur celui de son amoureux, enroule sa jambe autour de lui, l'entoure d'un bras jusqu'à son dos, l'autre posé sur son épaule, comme si elle cherchait à grimper jusqu'à lui pour atteindre sa bouche, puis lui tend ses lèvres avec impatience et gourmandise, en gémissant doucement pour se faire embrasser.

Comment prolonger ce moment agréable ?

À présent, passons au lit, si vous le voulez bien : ce sera infiniment plus confortable.

Le *Kama sutra* tient à préciser que les deux dernières étreintes décrites, les suivantes donc, peuvent spontanément se prolonger par l'union sexuelle. Ça tombe bien : on voyait les choses comme ça.

Ou alors, allez le lui expliquer vous-même, que c'était juste que vous le trouviez sympathique, mais que ce soir, non, vraiment, vous n'êtes pas d'humeur...

Le mélange des grains de sésame et de riz

Allongés côte à côte, serrés l'un contre l'autre, bras enlacés, poitrine contre poitrine, les cuisses se cherchent, les bouches se trouvent, les peaux se caressent, les mains s'étreignent, les corps se frottent. C'est « le mélange des grains de sésame et de riz ». Lequel des deux est le riz ?

Le mélange de l'eau et du lait

La dernière étreinte de cette catégorie s'appelle « le mélange de l'eau et du lait ». C'est dire si on a du mal à distinguer l'un de l'autre.

Aveuglés par la passion, les amoureux sont soudés ensemble. La femme enlace l'homme de ses jambes, elle presse son sexe contre le sien, sans craindre la douleur, oubliant toute prudence. Ils semblent verrouillés l'un à l'autre : cela s'appelle « le mélange irrévocable de l'eau et du lait ».

CONSEIL POUR NE PAS TOUT CONFONDRE

Pour certains sages, le massage aussi faisait partie des étreintes. Et après tout, il est vrai qu'il s'agit d'une sorte d'enlacement puisqu'il exige le contact de deux corps. Mais notre ami Vatsyayana – un peu pinailleur, admettons-le, mais qui demeure à nos yeux notre guide éclairé et exclusif – ne veut pas l'inclure dans cette catégorie. Il considère qu'il a une autre finalité, une autre apparence et se pratique à un autre moment. On comprend mieux pourquoi les hommes n'en usent qu'avec parcimonie.

Comment se montrer inventifs ?

Nous voilà donc à la tête de huit étreintes plutôt engageantes. Le contrat est rempli. Cela dit, on respecte malgré tout le précepte de Vatsyayana et l'on se dit que rien n'interdit de sortir du canevas de départ. On fait donc appel à son renfort, Suvarnanaba, pour soumettre à votre approbation quatre autres étreintes pas inintéressantes :

o **L'étreinte des cuisses :** la bien-aimée saisit l'une des cuisses de son bien-aimé, la serre fort, et savoure lentement son plaisir.

o **L'étreinte du *jaghana* :** la bien-aimée soulève ses cuisses, les presse contre celles du bien-aimé, puis le chevauche en pétrissant son *yoni* sur lui, en le griffant, le frappant ou l'embrassant avec tant de force que sa chevelure se dénoue !

o **L'étreinte des poitrines :** le bien-aimé serre sa poitrine contre celle de sa bien-aimée, comme s'il voulait la pénétrer.

o **L'étreinte du front :** les deux bien-aimés trouvent un plaisir puissant en se touchant le front, en se regardant intensément dans les yeux, en se frottant doucement le nez, en se caressant mutuellement des lèvres.

TRUC DE PARESSEUSE

« Tant que l'excitation est faible, les règles restent applicables. Quand l'excitation est forte, il n'existe plus règles ni méthode. » Tout ça pour ça ?

Savez-vous bien embrasser ?

Le baiser est, selon le *Kama sutra*, un parfait prélude à l'union sexuelle, alors que les soupirs, par exemple, lui sont généralement simultanés.

Mais Vatsyayana, lui (et nous sommes bien d'accord que, par pure loyauté, nous épousons ses opinions en toute occasion), estime que rien n'interdit de le pratiquer à tout moment et en toutes circonstances car, dit-il : « Le désir ne s'embarrasse pas de ces considérations et tout est bon quand le moment est propice. » S'il le dit !

Prendre un bon départ

Pour commencer, on assiste à un truc assez amusant. Selon les traductions, on trouve un avertissement qui concerne soit la première rencontre de la journée avec la bien-aimée – les autres étant décrites comme « les reprises suivantes » –, soit la première rencontre avec une femme, c'est-à-dire la première fois où l'homme couche avec elle. Vous choisirez la version que vous préférez ! En tout cas, il est recommandé, pour cette première fois, de rassurer la femme, de ne l'embrasser que modérément, et de prolonger cette sorte de préliminaire aussi longtemps qu'on observe en elle une montée du désir.

Ne pas se tromper de chemin

Mais où faut-il embrasser une femme ? La réponse est simple : partout ou presque ! Le front, les cheveux, les sourcils, les joues, le coin des yeux, les seins, les lèvres, et même l'intérieur de la bouche. Certains le font aussi à la naissance des cuisses, sur les bras et le nombril, mais Vatsyayana n'est pas trop pour : il n'y a pas de raison, selon lui, d'imiter des coutumes locales qu'il juge un peu excentriques.

Heureusement qu'un peu avant, il nous avait conseillés, une fois engagés, d'aller là où l'on voulait : sinon, imaginez de quoi il nous privait !

Connaître les différentes sortes de baisers

Quand on est une jeune fille, on a droit à trois sortes de baisers :

1. Le baiser inaugural : la jeune fille pose la bouche sur celle de son amoureux. Sans bouger. Point final.

2. Le baiser frémissant : elle s'enhardit, met sa pudeur de côté. Elle veut pénétrer dans la bouche de son bien-aimé. Elle fait alors frémir sa lèvre inférieure.

Le bien-aimé reçoit le message cinq sur cinq. Il lui mordille la lèvre, tout en lui pressant la main.

3. Le baiser touchant : elle sort sa langue, à peine, et déjà la retire. Mais entre-temps, elle a effleuré ses lèvres. Il lui prend ensuite les deux mains.

Embrasser, c'est bien, mais encore faut-il savoir selon quel angle et quelle pression. Les sages avaient aussi répertorié ces détails essentiels :

- Lorsque les lèvres se rencontrent directement, de face, il s'agit d'un « baiser ordinaire ».
- Lorsque les lèvres se touchent alors que les visages sont légèrement penchés, il s'agit d'un « baiser oblique ».
- Lorsque chacun relève la tête et que les lèvres se scellent dans ce mouvement, on parle de « baiser relevé ».

Enfin, lorsque le baiser est très vigoureux, très passionné, on dit de lui que c'est un « baiser appuyé ».

UN RECORD FACILE À ACCOMPLIR, DONT VOUS POURREZ VOUS VANTER

Le baiser dit « très appuyé » est à votre portée, même s'il est réputé difficile à réussir : l'homme saisit entre deux doigts la lèvre inférieure de la femme – vous y êtes ? bon – ; il applique sa bouche avec force dans l'espace laissé libre entre les lèvres – mais, attention ! sans toucher les dents. Voilà. C'est parfait. On ne vous remet pas un diplôme, mais on vous autorise à vous en vanter auprès de qui vous voulez.

Jouer aux jeux de baisers

Afin d'éveiller la passion entre les amoureux, mais aussi de les maintenir en état de tension des heures d'affilée, le *Kama sutra*, dans son infinie bienveillance, recommande les jeux de baisers.

Jeu n° 1

« Alors, on dirait qu'on joue à celui qui attrape les lèvres de l'autre en premier, seulement avec ses propres lèvres. Comment ça, c'est toi qui as gagné ? C'est pas juste : je suis sûre que tu as triché. Ça me donne envie de pleurer. Bien sûr, je fais semblant. Mais quand même. Oui, je m'agite, oui, je te repousse. Bon, je veux bien me calmer, mais seulement si j'ai une seconde chance et qu'on recommence. »

Jeu n° 2

« Comment ça, tu ne veux pas ? Puisque c'est ça, je te mordille le nez et je te le suçouille par la même occasion. Non, je n'arrêterai que jusqu'à ce que tu cèdes. »

Jeu n° 3

« Bon, d'accord, c'est vrai : j'ai encore perdu. Et deux fois de suite encore ! Oui, ça me désole. Je sais que je fais des histoires pour pas grand-chose, mais c'est le *Kama sutra* qui me coache ; alors tu m'excuseras. Mais, hop ! pendant que tu regardes ailleurs, vite, par surprise, je te la prends, ta lèvre, avec les miennes, et là : tu diras ce que tu voudras, mais c'est moi qui gagne ! »

Et là, la femme, qui se sent toute heureuse de son triomphe, se met à rire, pousse des cris, bondit de toute part, danse, dit n'importe quoi, regarde son adversaire moins chanceux avec des yeux pleins de moquerie, fronce des sourcils, bref : elle fête dignement sa victoire.

C'est amusant, ce jeu, n'est-ce pas ? Tellement qu'on vous recommande de vous lancer dans une nouvelle partie, avec les mêmes règles.

Les règles du jeu

Le *Kama sutra*, qui n'est pas à court d'idées, suggère que, quand on le sent, qu'on suppose que son adversaire est de taille, qu'on est soi-même en veine de performance, ces jeux de baisers soient encore sophistiqués par une petite lutte avec les ongles, les dents ou les doigts : morsures, égratignures légères, pincements, cris sonores. Mais, attention ! seulement si vous et votre partenaire vous êtes reconnus mutuellement comme impétueux et espiègles.

LE BAISER DE LA LÈVRE SUPÉRIEURE

« De toute évidence, quand un homme embrasse la lèvre supérieure d'une femme et qu'elle lui en fait autant, il s'agit du "baiser de la lèvre supérieure". »

Le baiser de compétition

Il s'agit à présent d'aborder le baiser enveloppé, qui ne se pratique que dans les compétitions de très haut niveau : saisir les lèvres de l'autre avec les siennes, qu'on aura pris soin d'ouvrir en rond.

Avertissement du *Kama sutra* : ce baiser est envisageable seulement pour une femme si elle a face à elle un homme sans moustache.

Petite variante du baiser enveloppé : on fait pareil mais on pince les lèvres de l'autre ; c'est alors « le baiser en pince ».

La Reine des pelles

Asseoir sa domination

Si, pendant le baiser précédent, l'un des amoureux insinue sa langue et part en exploration, si les deux langues se trouvent, se touchent, et finissent comme en une joute qui déborde vers le palais, les dents, etc., c'est « la bataille des langues ». Ajoutons, même si Vatsyayana ne le précisait pas, qu'à ce stade, évidemment oral, plus personne ne perd ni ne gagne ! On remet la balle au centre et on relance, jusqu'à l'abandon du terrain par épuisement.

Moduler ses efforts

Selon la partie du corps, le baiser se donnera avec plus ou moins de force :

Le baiser effleuré est destiné aux seins et aux articulations. Avec légers mordillements et caresses du bout de la langue.

Le baiser franc est réservé aux joues, au ventre, aux hanches, là où la chair est abondante et où les dents s'enfonceront, le cas échéant, sans faire de mal.

Le baiser onctueux est dédié aux courbes, partout où la langue peut parcourir le corps, comme le cercle des seins, le tour du nombril.

Le baiser moelleux sert à soulager la sensation provoquée par les ongles sur la peau. Il se fait avec les lèvres souples et entrouvertes.

BON À SAVOIR

Un homme qui n'est pas démonstratif ne vaut rien, selon les critères du *Kama sutra* : « Dans le jeu des amants, ce sera coup pour coup et baiser pour baiser. »

Comment le dire avec un baiser ?

Le baiser de passion est celui qu'une femme donne à son amoureux, quand il dort et qu'elle souhaite l'éveiller à elle. Peut également se pratiquer dans l'autre sens.

Le baiser de diversion est celui qu'un homme donne à son aimée si elle est absorbée dans une tâche ou s'ils viennent de se disputer. Peut également se pratiquer dans l'autre sens.

Le baiser de raison est le baiser qu'un homme donne à son amoureuse lorsqu'il revient tard le soir et qu'elle dort déjà. Il est conseillé à la belle endormie, si toutefois elle ne dort pas vraiment, de faire semblant, car alors elle pourra y voir parfaitement clair dans les sentiments de son Prince Charmant. Peut également se pratiquer dans l'autre sens – mais là, ce n'est pas Vatsyayana qui l'envisageait ; il ne pouvait sans doute même pas imaginer qu'une femme puisse rentrer plus tard que son bien-aimé !

Le baiser d'intention est celui, quand on ne peut ni lui parler ni la voir, que l'on fait à l'image ou la représentation de celle qu'on chérit : son reflet dans l'eau, dans un miroir, son ombre sur un mur, un portrait, une lettre. Peut également se pratiquer dans l'autre sens, bien sûr, et aussi en recourant à toutes les possibilités que la technique moderne met à notre portée : une photo, un mail, son nom qui s'affiche dans la boîte à messages de notre portable...

Le baiser de frustration se donne, par convenance ou timidité, devant la personne aimée, à un enfant, une statue, un portrait, pour lui faire comprendre que c'est elle que l'on désire réellement embrasser.

Le baiser de sollicitation est celui qu'un homme fera à la femme qu'il convoite si, la nuit, pendant un spectacle, il lui baise un doigt si elle est debout, un orteil si elle est assise, ou si, sous le prétexte d'un massage, la femme met son visage sur la cuisse de l'homme convoité et, comme en dormant, y dépose un baiser.

TOUT EST BON DANS LE BAISER !

Le baiser fait ...

- **... mincir : 29 muscles (12 pour les lèvres, 17 pour la langue), qui s'agitent en même temps ; et c'est la valeur d'un yaourt qu'on brûle en 1 mn. Sans compter que, pendant ce temps-là, on ne mange pas...**
- **... rosir : l'excitation provoquée par un baiser stimule la microcirculation. C'est nos pommettes qui sont en fête !**
- **... blanchir : en s'embrassant, on augmente la production salivaire, augmentant du même coup la protection de l'émail des dents.**
- **... plaisir : chaque fois qu'on s'embrasse, on déclenche la production d'ocytocine, une hormone qui monte au cerveau pour lui dire combien ça lui fait plaisir.**

Comment passer à l'acte ?

Oui, c'est bien l'euphémisme qui désigne dans ce livre le fait de faire l'amour. On arrive aux postures, oui, enfin. Mais autant vous prévenir : ça va être d'un court ! Si court qu'on vous met exprès un peu de blabla autour, histoire de faire durer... parce que plus c'est long, plus c'est bon. Vous êtes prête ? On y va. Mais soyez très attentive parce que ça va aller vraiment très vite.

Les mystères du *Kama sutra* enfin dévoilés !

Comment devenir une adepte du *Kama sutra* ? En lisant bien attentivement ce qui suit. Et, pour certaines postures, en vous entraînant longtemps... longtemps.

- **Le bambou fendu :** une jambe de la bien-aimée se lève et se tend jusqu'à atteindre l'épaule du bien-aimé. La bien-aimée peut changer de jambe si elle le souhaite.
- **Le clou posé :** la bien-aimée pose une jambe sur sa tête, tandis que l'autre est étendue. Cette position nécessite une certaine expérience, précise le *Kama sutra* qui a le sens de la litote.
- **Le crabe transi :** ses jambes sont repliées et serrées contre la poitrine du bien-aimé.
- **La ficelle tendue :** les cuisses sont levées et croisées.
- **Le lotus bleu :** les mollets sont croisés.
- **Le pivot acrobate :** le bien-aimé tourne comme une toupie sur son *linga*, lui-même inséré dans le *yoni* de la bien-aimée. Là encore, une position qui réclame « un sérieux apprentissage », prévient, bienveillant, le *Kama sutra*.

Et voilà. Alors, heureuse ?

Comment ça, « c'est tout » ?

Vous ne croyez tout de même pas qu'on vous cache des trucs simplement pour vous décevoir ou vous frustrer. Oui – c'est vrai –, ça

le lotus bleu

le crabe transi

le bambou fendu

le clou posé

le pivot acrobate

la ficelle tendue

fait un peu le même effet que quand on fait la première fois... certaines choses. On se dit : « Mais pourquoi on nous en avait fait un tel plat ? »

Eh bien oui, les soixante-quatre mystérieuses positions du plus grand ouvrage sur l'érotisme au monde se résument à ça – si l'on considère bien entendu qu'il s'agit d'un manuel de postures.

KAMA-QUIZ

1. Dans le Sud, État du Deccan, on pratiquait la sodomie. Comment l'appelait-on :
- **plaisir merveilleux ?**
- **plaisir interdit ?**
- **plaisir venimeux ?**

Réponse : on appelait la sodomie « plaisir merveilleux ».

2. Quand un homme faisait l'amour avec plus de deux femmes, cela s'appelait :
- **l'union de la basse-cour ?**
- **l'union du troupeau de vaches ?**
- **l'union de la meute de louves ?**

Réponse : faire l'amour à plusieurs s'appelait « l'union du troupeau de vaches ».

BON À SAVOIR

« Si un homme fait l'amour avec deux femmes en même temps et qu'elles aiment cela aussi, cela s'appelle "l'accouplement uni". »

Retrouver un peu d'espoir

Alors comment s'en remettre ? D'abord, en réalisant que le sexe n'est pas tout dans la vie : il y a aussi... le shopping. Ensuite, en continuant d'écouter les vieux sages et leurs conseils ; car, du côté des positions – on l'admet –, c'est fini. Mais ils ont encore quelques petits conseils utiles à nous souffler.

Pour commencer, même si Vatsyayana n'est pas du tout d'accord, on peut ajouter que, selon eux, ces postures gagnent beaucoup à être pratiquées dans l'eau. Ce qui et d'une facilite les manœuvres (toute aide est bienvenue), et de deux, procure davantage de plaisir.

Donc, on peut déjà multiplier les positions préconisées par deux. Et tant pis pour Vatsyayana qui considère que l'accouplement dans l'eau n'est pas convenable et doit être soigneusement éludé.

Séduire deux femmes à la fois, il est pour ; s'ébattre dans l'eau, il est contre ? Je vous jure : parfois, on lui ferait bien la tête.

Et puis le *Kama sutra* propose des variantes. Tout cela se fait couchés, à la base, mais peut aussi se faire debout, la bien-aimée s'appuyant contre un mur ou un pilier. Puisque nous y sommes, suggérons aussi de tenter les positions suspendues – certes un peu plus compliquées mais pas inintéressantes ; voyez plutôt : le bien-aimé prend appui sur un mur, il tient sa bien-aimée assise dans ses mains liées comme un filet, tandis qu'elle-même s'enroule autour de lui, de ses bras autour de son cou, de ses jambes autour de ses reins. Et l'on remultiplie par 3 le nombre de positions !

Ah ! et puis un autre détail : tout ce qui se fait par-devant – figurez-vous – se fait également par-derrière. On appelle cela « l'union de la vache » ou, dans d'autres traductions, « la position de la vache à lait ». Ce qui permet une nouvelle multiplication par 2. Vous suivez ?

Le *Kama sutra*, qui se voulait exhaustif et cherchait à atteindre son objectif de 64, chiffre symbolique par excellence, énumère ensuite rapidement l'union du chien, de la chèvre, de l'âne, du chat, du tigre, du daim, de l'éléphant, du sanglier, du cheval : « Pour ce faire, on observera les animaux et on imitera leur comportement. »

Par exemple : « Chez les araignées, un simple contact procure une jouissance très violente ; de même pour les crabes. Les éléphants, dans leurs jeux amoureux, ont une jouissance complète au premier contact. Les vaches, les buffles, les cerfs se procurent de vives jouissances avec la langue. »

Arrangez-vous avec ça... Et complétez la liste si vous voulez !

KAMA-QUIZ

1. Quelle était la pratique sexuelle courante dans le Pendjab ?

- **Plusieurs jeunes gens s'accouplaient à l'épouse de l'un d'eux. Ils lui faisaient l'amour l'un après l'autre ou en même temps – c'était selon. Si c'était en même temps, l'un la caressait, l'autre la pénétrait, le suivant lui faisait des trucs avec la bouche, le suivant encore saisissait son ventre, jusqu'à ce que chacun « jouisse à son tour de tout son corps ».**
- **Ils faisaient toujours l'amour avant d'aller au MacDo.**
- **Ils faisaient toujours l'amour en revenant du MacDo.**

Réponse : comment avez-vous deviné ? Oui, c'est bien la première solution.

2. Que se passait-il quand les femmes du harem arrivaient à mettre la main sur un homme ?

• La même chose qu'au-dessus (première solution), mais les rôles étaient inversés.
• Elles l'envoyaient chercher des MacDo.
• Elles lui préparaient des MacDo maison, dont la recette se transmet encore aujourd'hui.
Réponse : vous êtes vraiment trop forte ; c'est encore la première solution.

Comment vous accorder, lui et vous ?

Comment doit-il s'y prendre ?

L'homme est, selon le *Kama sutra*, celui qui mène le jeu, la femme le subissant. Il est acteur, elle est spectatrice. Il lui revient donc de se conformer à son rôle : il commence par lui parler, pour la rassurer. Pendant qu'elle l'écoute, étendue sur le lit, il dénoue son pagne. Si elle s'indigne, il l'embrasse doucement sur le visage, à la fois pour la troubler et pour qu'elle ne puisse voir ce qu'il fait.

Il entre en érection (ça, c'est fait). Pour la suite et d'une manière générale, c'est le comportement de la femme qui lui dicte le mode d'emploi : c'est ainsi que l'union sera la plus délectable possible.

DEUX CONSEILS POUR QU'IL TOMBE PILE

• « Tout en faisant à sa bien-aimée ce qui lui semble approprié, l'homme doit toujours diriger ses gestes et ses caresses vers les endroits du corps où elle dirige elle-même, machinalement, son regard. »
• « Aucun inventaire ne peut rendre compte des pratiques amoureuses, et dans le feu de la passion, seul le désir doit inspirer l'action. »

Comment rassurer une jeune fille inexpérimentée ?

S'il s'agit d'une première fois et si c'est une toute jeune fille, il y a fort à parier qu'elle résistera quand il essaiera d'écarter ses cuisses. Donc, il lui caresse les seins, elle y porte ses propres mains dans l'espoir de les cacher, et voilà le bas sans défense. Puis il lui passe les bras sous les aisselles et lui attrape le cou. Elle détourne alors les yeux, intimidée. Puis son corps peu à peu se détend, ses yeux se closent, indiquant qu'elle s'abandonne, la pudeur s'évanouit, son désir augmente, son sexe vient vers lui : le plaisir est en marche. Il peut la pénétrer.

Comment satisfaire une femme exercée ?

Si la femme est entraînée, l'homme fait selon son goût, son penchant et les circonstances. Il peut empoigner sa chevelure, lui prendre le menton entre les doigts, lui donner de très vigoureux baisers.

Si elle agite les mains, se met à le mordre, à transpirer, si elle le retient puis le repousse, le frappe, lui manifeste son mépris, c'est qu'elle n'est pas satisfaite. Il faut alors la caresser « tout comme l'éléphant se frotte avec sa trompe », jusqu'à ce qu'elle soit apaisée. Le plaisir est alors au rendez-vous : il peut la pénétrer.

BON À SAVOIR

« Un cheval emballé poursuit sa course sans se préoccuper des obstacles, des fossés, des étangs : ainsi vont les amants, dans l'élan furieux de leurs désirs. Pourtant, celui qui se veut expert doit savoir se montrer prudent et se retenir, afin d'être à l'unisson des mouvements tumultueux et imprévisibles de sa bien-aimée. »

Les huit techniques pour pénétrer le *yoni*

1. Le frottement : frotter le *linga* sur le *yoni* intimement l'un contre l'autre.

2. Le contournement : le *linga* dans la main, on le fait tourner autour du *yoni*.

3. Le percement : le *jaghana* est baissé, le *linga* le fend sur sa partie supérieure pour atteindre le *yoni*. Variante : pareil, mais sur la partie inférieure.

4. Le frappement : le *linga* frappe le *yoni* et appuie fermement.

5. Le vent : le *linga* est retiré brusquement puis réintroduit avec rapidité.

6. Le repassant : le *linga* passe et repasse sur le *yoni* « sur un seul côté, mais beaucoup » !

7. L'alternant : pareil, mais sur les deux côtés alternativement.

8. L'envolement : mouvement de va-et-vient très rapide, sans retrait, qui fait penser à une envolée d'oiseaux.

BON À SAVOIR

« Les pratiques d'amour ne conviennent pas à tous et à tout moment. Il est donc indispensable d'être attentif aux usages locaux afin d'opérer où et quand il faut. »

Comment, de votre côté, prendre le dessus...

Et que fait-on quand l'homme montre sa lassitude ? On prend les choses en main, pardi ! Imaginez : il n'a toujours pas atteint le plaisir et pourtant il paraît fatigué. Ou bien le premier acte est terminé, mais vous ne seriez pas fâchée de lui donner une suite. Ou bien vous êtes curieuse de l'effet que ça fait. Ou bien encore vous savez que ça lui fait plaisir. Il vous revient donc de prendre l'initiative : comme le disent les sages, « d'inverser les rôles ».

Sans aucune timidité, retournez-le, montez sur lui, prenez-le en vous. Vos cheveux dénoués et parsemés de pétales de fleurs lui caressent le torse. À la fois souriante et haletante, vous vous penchez sur lui, l'effleurez de la pointe de vos seins, comme si vous cherchiez à l'en transpercer, vous le mordillez dans le cou, le griffez doucement de vos ongles, comme un chat.

Aussi secrète que soit une femme, le *Kama sutra* prétend que c'est au moment où elle chevauche un homme qu'elle se livre le plus, où elle dévoile sa nature profonde et ses instincts premiers. Si vous préférez ne pas trop vous révéler, vous savez ce qui vous reste à faire... ou à ne pas faire.

... et garder le commandement...

Une fois en place, profitez de votre position pour laisser libre cours à votre imagination. Et ajoutez au choix quelques spécialités dont le *Kama sutra* vous promet le meilleur :

o **La pince emprisonnante :** retenez son *linga* dans votre *yoni*, serrez-le et gardez-le de force pendant longtemps.

La pince emprisonnante

la toupie tourbillonante

la balançoire nonchalante

o **La toupie tourbillonnante :** reprenez plus haut, puis, avec élan, tournez sur vous-même. Il faut s'y exercer, souligne le *Kama sutra*, pour y arriver. Recommandez-lui de se cambrer : ce sera plus facile et plus agréable.

o **La balançoire nonchalante :** dans la même position, oscillez de droite à gauche, en appui sur votre *jaghana*, en équilibre sur son corps cabré et soulevé.

TRUC DE PARESSEUSE

Quand une femme a ses règles, si elle est enceinte ou qu'elle vient d'accoucher, elle ne doit pas jouer à inverser les rôles. *Idem* pour les femmes gazelles. C'est le *Kama sutra* qui le dit.

... ou lui rendre la monnaie de sa pièce ?

Vous lui dites : « Ah ! tu vois ce que tu me fais subir ; eh bien, à ton tour à présent. Je te rends coup pour coup, je me moque de toi, je t'humilie. Je te rembourse de tes railleries, de tes mauvais traitements et de tes taquineries. »

En fait, vous lui faites tout ce qu'il vous a fait, disent les sages, qui avaient une haute opinion de leurs congénères et de leurs comportements.

Aussitôt le plaisir atteint, redevenez effacée et timide. Abandonnez votre position dominante. C'est le moment pour vous de simuler la fatigue, une fausse pudeur, et de retrouver votre rôle de bien-aimée douce et sage. Dites alors que vous en avez assez, mais ne vous « dessoudez » pas de votre partenaire. Posez votre front contre le sien et faites mine de vous reposer. Voyez venir !

BON À SAVOIR

« Brutalité, appétit et exaltation sont les particularités des hommes, tandis que les femmes sont tendres, douces, prévenantes et sentimentales. Bien que, parfois, la fougue conduise chacun à paraître différent, leur nature respective reprend à la longue, toujours, ses droits. »

Comment trouver le plaisir ?

Non, ne croyez pas qu'on se répète. C'est plutôt que, dans tout ce qui précède et qui constitue le noyau même du *Kama sutra*, il n'est que peu question de plaisir. De volupté, oui, de sensations fortes, oui, d'émotions vives, oui, de transport, oui, de rapport, encore, mais de plaisir, au sens d'« orgasme », non. L'homme, on voit bien comment il s'en arrange. Mais la femme ? Souvenez-vous qu'un sage avisé établissait pourtant que le plaisir de la femme était déterminant puisqu'il la conduirait à vouloir souvent faire et refaire.

À chacun sa jouissance

Le plaisir féminin, le *Kama sutra* l'aborde. Mais pas de la façon à laquelle on s'y serait préparé : il faut admettre, disent-ils, ces chers sages, que l'homme et la femme n'ont pas « la même nature de jouissance ». Le désir de l'homme est puissant et sa satisfaction violente. La femme, elle, « perçoit le plaisir de façon indéfinissable », qui se traduit par des sensations diverses et agréables. Dans le rapprochement sexuel, ajoutent-ils, l'homme s'arrête, content, aussitôt après l'éjaculation. Tandis que la femme...

Ils constatent, de fait, que plus l'homme fait durer, plus la femme se réjouit, et que plus vite il s'arrête... plus vite elle fait la gueule.

Mais ça ne prouve sûrement pas, affirment-ils, avec une certaine dose de mauvaise foi, qu'elle attend quelque chose « en récompense de son absence de précipitation ».

Tout cela aurait dû les conduire à considérer d'autres pratiques. Et c'est là que le *Kama sutra* se montre en deçà de sa réputation : après une discussion un peu oiseuse qui couvre quand même cinq ou six pages, il conclut que, « puisque le plaisir est censé résulter de l'acte d'amour que l'homme et la femme pratiquent ensemble, leur objectif est forcément le même ; l'homme et la femme ne peuvent donc pas rechercher des bénéfices distincts ».

D'où la nécessité de s'accorder en taille, intensité de l'ardeur et durée, concluent les vieux sages en se frottant les mains, « après avoir démontré la similitude du plaisir masculin et féminin ». Bref : « S'unir avec un homme épanouit une femme. Elle se satisfait de volupté et de plaisir, et la joie qu'elle en éprouve est sa satisfaction. »

Tout comme deux béliers qui s'affrontent et reçoivent ensemble, et à force égale, le choc de leurs têtes, tout comme deux quilles se cognent en tombant, l'homme et la femme, de leur acte commun, éprouvent une jouissance équivalente.

Pourtant, « celui qui néglige une jeune femme parce qu'elle semble trop pudique n'obtient que son mépris : elle le considère comme un crétin incapable de la séduire ».

Dans une autre traduction, on trouve cependant un petit paragraphe amusant : les sages du *Kama sutra* auraient entendu dire que certaines femmes, bien au chaud et à l'abri dans leur harem, quand l'homme n'est pas là pour les épanouir de sa seule présence et les satisfaire de sa propre jouissance, s'administreraient des baisers du côté du *yoni*. Si ! Et que, donc, l'homme, s'il le souhaite, peut en faire autant. Mais il n'y est ni incité ni même encouragé.

Il s'en passait des choses dans les harems. Ils étaient bien gardés, bien sûr, mais le *Kama sutra* indiquait comment, si l'on était bien fait, jeune et de bonne constitution, s'y insinuer en douce. L'une de ces possibilités était tout simplement... de se laisser faire. En effet, les servantes de harem se promenaient dans la ville pour y repérer les jeunes gens adéquats. Elles les préféraient imberbes, car alors elles pouvaient les déguiser en servantes pour tromper la vigilance des gardes. Et le tour était joué, sous réserve de s'assurer une issue de secours en urgence. Ces conseils étaient donnés de façon un peu hypocrite : ils pouvaient aussi, assurait le *Kama sutra*, servir aux hommes possédant un harem pour surveiller leurs propres femmes.

Avant de quitter les pratiques courantes pour passer à un peu de fantaisie, voici malgré tout un *shloka* édifiant : « Certaines courtisanes, appréciant par-dessus tout ces pratiques orales, abandonnent leurs amants distingués et séduisants pour des esclaves ou des cornacs et s'éprennent d'eux au point d'oublier leur intérêt naturel pour le profit. » Et re-revoilà !

Les amoureux pouvaient également se tenir tête-bêche. Vous serez heureuse de savoir qu'il s'agissait alors d'une forme d'érotisme appelée « corbeau ». Peut-être parce que, à l'époque, ils comptaient plus volontiers jusqu'à 64 qu'à 69. En tout cas et pour ce qui concerne la jouissance féminine : problème réglé. Et re-re-revoilà !

DIX FAÇONS DE TROUVER LE PLAISIR

1. Apprenez les approches

Tout commence par un frôlement. Effleurez la peau de l'autre, puis approchez votre corps du sien.

2. Pratiquez les étreintes

Debout ou couchés, enlacez-vous, pressez-vous, frottez-vous...

3. Mélangez-vous

Allongés côte à côte, serrés l'un contre l'autre, faites tout pour ne faire plus qu'un.

4. Entraînez-vous au baiser

Parfait prélude à l'union sexuelle ou plaisir à part entière, embrassez tout, partout, tout le temps.

5. Dites-le avec la bouche

Avec la bouche, mais sans les mots : utilisez le baiser comme message.

6. Découvrez les positions

Dans le *Kama* sutra, en fait, il en existe seulement six clairement répertoriées. Mais rien ne vous empêche d'en inventer autant que vous voulez.

7. Inventez des variantes

En prenant les positions de base, on peut toujours faire la même chose debout, couchés, dans l'eau, de dos...

8. Imitez nos amis les bêtes

Pas forcément de façon bestiale, mais en vous inspirant des mamours des chats, des tigres, des daims, des sangliers...

9. Prenez le dessus

Au propre comme au figuré : quand l'homme montre un peu de lassitude (ou simplement pour changer les habitudes), il vous revient de prendre l'initiative.

10. Soyez heureuse !

On ne vous souhaite qu'une seule chose : éclatez-vous !

chapitre 6

Comment devenir la reine des à-côtés

Comment aller au-delà de l'essentiel ?

Pour la première fois et en exclusivité, les trucs et astuces révélés notamment par les champions toutes catégories de la sexualité : les eunuques eux-mêmes et en personne.

Au fond, la mauvaise foi est un petit délit très partagé. Les vieux sages ne sont pas les seuls à s'en rendre coupables. Ainsi, il faut convenir que, si les pratiques buccales ne sont pas dans le catalogue de base des sages kama-sutriens, pour le coup, hommes et femmes sont à égalité. Un petit quiz pour l'illustrer :

KAMA-QUIZ

Le *Kama sutra* est *a priori* hostile au « commerce charnel avec la bouche » (sous-titre : la fellation). Il estime qu'il s'agit d'une pratique interdite, tout juste bonne pour les chiens et en plus dangereuse pour le *linga*. Un auteur cependant n'est pas de cet avis. Il donne son accord de principe à partir du moment où :

- **il ne s'agit pas d'une femme mariée ;**
- **il ne s'agit pas d'une femme maladroite ;**
- **il ne s'agit pas d'une femme qui aurait des raisons de se venger.**

Réponse : la première. Sans commentaire.

Parlons « fellation » !

Donc, les sages d'avant nos sages à nous prohibaient catégoriquement la fellation. Elle était, selon eux, barbare, pas hygiénique, et contraire aux bonnes mœurs. « La femme est pure, leur opposaiton. – Elle est pure, rétorquaient-ils, tout comme le lait de la vache est pur, mais pas la bouche du veau. » Voilà une belle démonstration, irréfutable... même si l'on a du mal à comprendre comment elle s'articule ! Moyennant quoi, les seuls qui avaient le droit de s'y coller étaient... les eunuques. L'avis des sages était à ce point définitif que personne, pas même notre Vatsyayana préféré, ne songeait à s'y opposer, même s'il avait, malgré tout, le sens des réalités. Sous couvert de donner quelques conseils purement professionnels à des préposés consciencieux, les eunuques, il y allait quand même de ses recommandations. Il suggérait du bout des lèvres que cet interdit pouvait être levé dans le cas où l'on fréquentait... une courtisane.

Il vous reste à décider dans quelle catégorie vous préférez être classée : eunuque ou courtisane ?

Pour être juste, mentionnons malgré tout deux autres hypothèses, trouvées dans une autre traduction : « L'*auparistaka* est également le fait des femmes indépendantes et libertines et de certaines servantes ambitieuses. » Là, le panel est complet !

À quoi reconnaître un eunuque ?

D'abord – soyons clairs –, il existe deux groupes d'eunuques :

- Les travestis qui prennent l'apparence des femmes, s'habillent comme elles et adoptent leur comportement – fragilité, douceur, timidité, grâce, soumission. Ils sont travestis par goût ou pour gagner leur subsistance et, dans ces conditions, ils vivent ouvertement comme des prostituées. Dans ce cas, ils pratiquent avec leur bouche tout ce qui se pratique habituellement avec le *yoni* de la femme, et les préliminaires sont inutiles : ils y vont vaillamment.

- Les autres, ceux qui conservent une apparence masculine, dissimulent – paraît-il – plus volontiers leur penchant. Dans ces conditions, pour avancer masqués, ils se font masseurs. C'est alors que, sous le prétexte fallacieux de masser, un eunuque qui connaît son métier laisse sa main s'égarer vers la cuisse de son client. Il la serre, la palpe, puis la caresse.

Vous savez ce que c'est : on commence par la cuisse, et voilà qu'on se retrouve vite fait au *jaghana*. Du côté du milieu du corps – disons –, pour vous situer.

S'il se trouve que le *linga* est en érection, il le prend en main, le frotte négligemment, de sorte qu'il ne puisse mollir. Si le client le laisse faire et ne montre ni surprise ni intérêt particulier, il continue son petit bonhomme de chemin. En revanche, si le client demande ou commande d'agir, alors là, pas d'hésitation : il s'arrête et s'interroge tout haut : « Non, mais vraiment, de quoi il me parle, celui-là ! » Il fait même un peu la tête, vexé, voire blessé qu'on ait pu penser une chose pareille de lui. Mais bon : comme il est gentil au fond et qu'il déteste qu'un client sorte de chez lui insatisfait, il consent...

Comment pratiquer une *auparistaka* de qualité ?

Il est temps d'apprendre par cœur les huit (encore huit !) manœuvres pour mener une *auparistaka* de qualité :

1. Le prologue : l'eunuque tient le *linga* dans la main puis le place contre ses lèvres, en le frôlant de sa bouche.

2. Le mordillement : il tient le *linga* comme s'il s'agissait d'une fleur, les doigts rassemblés en bouton, le presse doucement contre ses dents, de côté, et le mordille à peine.

3. Le pressage : l'eunuque referme ses lèvres, juste sur le bout, presse et aspire doucement.

4. L'introduction : il fait pénétrer le *linga* plus profondément dans sa bouche, le serre avec le bout de ses lèvres, le fait entrer et sortir.

5. L'embrassement : il l'embrasse, point. Bon, d'accord, sur toute la longueur et en le tenant dans la main.

6. Le frottement : pareil qu'au-dessus pour l'endroit, mais avec la pointe de la langue. En insistant sur le bout.

7. La mangue : exactement comme si on mangeait une mangue. À vous de voir comment vous vous y prenez.

8. L'avalement : l'eunuque absorbe à présent le *linga* comme s'il souhaitait l'avaler et le presse de ses lèvres jusqu'au plaisir.

Un détail, le plus émoustillant peut-être : à chaque étape, l'eunuque est censé faire comme s'il entendait s'en tenir là. Il attend donc que le client réclame, tergiverse un peu et reprend là où il avait laissé les choses.

Il n'y a pas à dire : les sages savaient y faire, malgré leur sagesse – ou peut-être à cause d'elle...

Comment mettre de l'huile sur le feu de la flamme ?

Faire l'amour ressemble à un combat. Si ! C'est une image assez bateau, et on n'en est pas plus fier que ça, à part que, dans le *Kama sutra*, le mot *combat* prend tout son sens.

Il ne s'agit plus d'une gentille joute, joliment orchestrée et doucement mise en scène, mais bien d'une sorte de bagarre, d'un duel, où tous les coups ou presque sont permis. Et pour commencer justement, les coups.

Les querelles entre amoureux étaient chaudement recommandées par le *Kama sutra*. Elles avaient la réputation, peut-être justifiée, de ranimer les passions. Dans ce cas, les coups pouvaient « mettre de l'huile sur le feu de la flamme ».

Les rapports sexuels pouvaient ainsi parfois prendre les allures d'une compétition amicale entre les bien-aimés. Mais ce n'est pas tout... Les amoureux sont souvent d'humeur changeante, et leurs ébats peuvent facilement se transformer, sans prévenir, en débat. Pire : en combat. On commence par : « Qu'est-ce que je ferais sans toi ? Toi ! Toi... » Et on se retrouve bien vite avec : « Et tout ça à cause de qui ? Toi, toi, toi. » Les sages savaient cela – il faut bien reconnaître qu'ils savaient quasiment tout.

KAMA-QUIZ

Les hommes sont censés honorer leur amoureuse en fonction de ses goûts, eux-mêmes liés aux coutumes de sa province d'origine. Alors, à votre avis, si vous aviez été homme et indien, il y a environ 1 500 ans, comment auriez-vous résolu ce casse-tête ? Retrouvez pour chaque province sa coutume :

a) Les jeunes filles du Madyadesha...
b) Les jeunes filles de Bahlika...
c) Les jeunes filles de Malwa...
d) Les jeunes filles du Maharasta...
e) Les jeunes filles du Dravida...
1. ... sont paresseuses (déjà à l'époque !) et jouissent lentement.
2. ... sont vertueuses et détestent être embrassées ou griffées.
3. ... sont grossières et profèrent des injures.
4. ... sont un peu sadiques.
5. ... ne sont pas contre quelques coups s'ils ne provoquent pas de blessure.

Réponse : a2, b4, c5, d3, e1.

Les règles pour pimenter les ébats

Exprimer son agressivité

Et comme ils ne voulaient pas qu'on garde en soi une agressivité qui, à la longue, pouvait se transformer en dysfonctionnement plus profond (ils n'avaient pas lu Freud mais ils savaient cela aussi), ils conseillaient, aussi sec, de l'exprimer. Plutôt que se disputer stérilement avec des mots, ils pensaient qu'en venir aux mains était un bon exutoire.

Frapper avant d'entrer

Ils recommandaient donc d'agrémenter les discussions houleuses de coups à des endroits précis : les épaules, la tête, entre les seins, le dos, le *jaghana*, les hanches. L'idée n'était pas non plus de finir aux urgences : juste d'animer un peu le quotidien. Donc, on y va avec :

- le dos de la main ;

- les doigts joints ;
- le poing fermé ;
- la paume ouverte.

L'homme frappe son amoureuse dans le dos à coups de poing fermé alors qu'elle est assise à genoux. Une autre traduction dit : « sur ses genoux à lui ». C'est à voir. Elle lui rend ses coups de poing avec une rage simulée, tout en gémissant. C'est une entrée en matière. Ensuite – vous vous en doutez – on passe à l'acte.

Conclure en beauté

L'homme frappe sa bien-aimée entre les seins, avec le dos de la main, lentement d'abord, puis de plus en plus vite. Sans lui faire mal, précise-t-on, à moins qu'elle ne le demande explicitement.

Comment savoir si on s'y prend bien ? C'est simple : chaque coup doit provoquer un cri de plaisir croissant. Au moment de la conclusion, le bruit des coups, paume sur peau, se mêle à celui des gémissements de plaisir et de douleur. Final. Applaudissements. Rideau.

Renseigner son partenaire

Si l'on s'y prend convenablement, les coups provoquent « une certaine douleur ». Il s'agit alors de répliquer en modulant un certain nombre de sons bien distincts de manière à donner une indication claire du degré d'excitation suscité.

- Le son « sit » est un son sifflant de base sur lequel il convient d'ajouter toutes sortes de nuances...
- Le son « hin » se fait en inspirant comme pour s'empêcher d'étouffer.

- Le « tonnerre » est une plainte grave et profonde.
- Le « roucoulement » imite une colombe satisfaite.
- Le « sanglot » remonte dans la gorge au moment de l'extase.
- Le son « sout » est un halètement essoufflé.
- Le son « phut » évoque le bambou qui se fend.
- Le son « phat » rappelle le bruit que fait une cerise lorsqu'elle tombe dans l'eau.

Si l'amoureux est bien entraîné, il saura susciter *crescendo* ces petits gémissements, dans un enchaînement voluptueux qu'il apprendra à reconnaître. Tout commence par « Maman ! », puis « Arrête ! lâche-moi tout de suite ! », puis « Je n'en peux plus... », puis « C'est bon... » et, enfin, « Encore !!! ». Ces invectives se transforment bientôt en onomatopées, qui ressemblent, dans l'ordre, aux cris de la colombe, du coucou, du pigeon vert, du perroquet, de l'abeille, du moineau, de l'oie, du canard et de la caille. Enfin, des sons inarticulés (alors que les précédents, eux...) jaillissent de la gorge de l'amoureuse quand elle atteint de nouveaux sommets.

Comment crever d'amour (au figuré... quand même !) ?

Quant à notre cher Vatsyayana, qui se conduisait en gentleman – reporter irréprochable et n'hésitait pas à parcourir les quatre coins de son beau pays pour nous renseigner sur les coutumes particulières de toutes les contrées de l'Inde, il avait ramené de son périple quatre autres suggestions de coups qu'il convient de livrer à votre sagacité : un coin de bois pour la poitrine, un couteau pour la tête, un poinçon pour les joues, une pince pour les seins.

Une traduction politiquement correcte s'empresse de préciser qu'il faut entendre tout cela au figuré et qu'il s'agit de positions des mains. Une autre ne prend pas cette peine et rapporte que, dans la province du Deccan, il n'est pas rare de voir des femmes portant sur les seins des cicatrices liées à l'usage de ces ustensiles.

Pourquoi importerait-on ce genre de coutumes, barbares, cruelles et méprisables, précise Vatsyayana, alors qu'il serait même souhaitable de les interdire là où elles sont à l'honneur ? Là, on dit : « Merci le *Kama sutra.* »

CONSEIL POUR SAUVER SA PEAU

Le fils de Dratarastra, roi des Cola, a tué une courtisane avec un coin de bois pendant leur union sexuelle. Mieux vaut donc ne pas céder à ses avances, si vous le rencontrez. Mais on est bête : vous n'êtes pas une courtisane ! Et puis c'était il y a au moins 1 500 ans. Ouf ! sauvée !

Comment utiliser ses mains autrement ?

Dans le feu de l'action, il arrive un moment où l'on veut donner plus et recevoir autant. La caresse paraît bien vaine, le baiser bien mièvre. Il est temps d'en venir aux mains. Ou plus précisément aux ongles, car : « Rien n'est comparable aux griffures pour fortifier l'amour. »

En fait, dans le *Kama sutra*, l'ongle est un véritable accessoire érotique, très prisé des tempéraments les plus fougueux. C'est vrai que l'on n'y pense pas toujours spontanément ; c'est pourtant un petit outil très subtil pour qui a de l'imagination, qu'on a toujours sous la main et qui offre des tas de possibilités.

BON À SAVOIR

La griffure est à ce point importante dans la relation amoureuse que le *Kama sutra* recommande, lorsqu'un homme offre une fleur à une femme, de la marquer – la fleur – d'un coup d'ongle pour la charger d'un message ardent et sensuel.

De l'usage de la griffe

Les beaux ongles sont effilés, durs et bien implantés. Ils doivent être sains et propres. L'idéal est de les limer et de les polir, pour qu'ils agacent la peau sans l'arracher ni la blesser.

Le but en fait est d'égratigner légèrement : c'est ainsi que les amoureuses les plus éclairées réveillent la passion du plus passif des amoureux. Quand les deux amoureux sont plus audacieux, ils peuvent même se laisser pousser les ongles un peu plus, les soigner jusqu'à ce qu'ils deviennent durs comme un bec de perroquet.

L'envie, qui n'est pas totalement dénuée de violence, peut venir dès la première rencontre dans un lit quand le corps à corps est passionné.

La griffure est également recommandée dans les moments de retrouvailles. Mais aussi dans les grandes disputes ou aussitôt après, lorsqu'on se réconcilie. Ou encore quand la femme est ivre. Puisqu'on vous le dit.

Comme en toute chose, le *Kama sutra* propose un catalogue de huit pratiques inventives, même si, selon Vatsyayana, « leur liste est impossible car ces usages relèvent de la passion et non de la comptabilité ». Il ajoute : « Sans se préoccuper de ces modèles, les amoureux peuvent créer leurs propres formes, originales et chargées de sens, pour exprimer l'intensité de leur ardeur et la nature de leur attachement. »

1. La griffe de la soie : c'est une sorte de caresse faite avec l'ongle. Elle produit ce bruit caractéristique de la soie qui se déchire, dans un crissement qui évoque le désir brutal. Se pratique sur les seins, les joues, le menton... Une griffe si furtive qu'elle ne laisse aucune trace, à part le souvenir délicieux du frisson de plaisir qu'elle a provoqué. Un procédé qui s'emploie pour tourmenter une femme, la mettre hors d'elle – dans le bon sens bien sûr – ou quand on lui gratte le dos, la tête.

2. La griffe de la demi-lune : c'est une petite égratignure arquée, de la forme même de l'ongle. Sur le cou, le haut du buste, le sein lui-même... « Une femme qui porte une griffure suscite aussitôt le respect et le désir chez un homme qui la croise. » De même, un homme qui porte la marque d'un ongle « trouble » toute femme qu'il rencontre.

3. La griffe de la pleine-lune : deux demi-cercles face à face localisés de façon très spécifique – les hanches, le ventre, autour du nombril ou d'une fossette de la fesse.

4. La griffe de l'étoile filante : c'est une courte éraflure, comme un trait de crayon sans appuyer, faite où l'on veut. Elle laisse une trace aérienne. Un peu, pour vous aider à vous figurer, à la façon de ces avions qui font, dans le ciel, des dessins cotonneux qui disparaissant presque aussitôt. Inutile de préciser que cette image n'est pas dans le *Kama sutra*.

5. La griffe du tigre : une ligne légère, comme la précédente, mais qui se courbe.

6. La griffe du paon : elle se modèle avec les cinq ongles de la main. Effet très esthétique autour de la pointe d'un sein.

7. La griffe du saut de lièvre : la même qu'au-dessus, mais, juste après, on saute vers l'autre sein, pour faire la même chose. Et seulement si elle le demande.

8. La griffe du lotus bleu : c'est une marque en forme de feuille de lotus... bleu – vous l'avez deviné. Arrangez-vous avec ça !

« Pas touche ! »

Le coup d'ongle et sa conséquence, la griffure, sont toujours de mise la veille de grandes séparations : il est d'usage de faire à son amoureuse trois éraflures successives, proches et identiques – sur la cuisse, un sein, le dos. Elles signifient : « Pense à moi. » Le *Kama sutra* ne le précise pas, mais, quand un homme part en voyage, on imagine que c'est aussi une façon de marquer son territoire. De même pour les femmes, qui sont invitées à en faire tout autant : c'est pour elles une façon de dire à une éventuelle autre femme que cet homme-là est aimé ailleurs et fort. La griffe est une marque, un logo, un souvenir qu'on laisse à l'autre, et un avertissement à tous ceux ou toutes celles qui auront la mauvaise idée d'aller y voir de si près.

CONSEILS POUR GRIFFER AVEC SAVOIR-VIVRE

- Il est interdit de griffer une femme mariée. Ne demandez pas pourquoi (d'autant que vous vous en doutez – ne faites pas l'hypocrite). Sachez du moins que la chose peut à la rigueur être autorisée sur les parties les plus discrètes et cachées.
- La passion d'une femme se réveille à l'improviste quand elle aperçoit sur son propre corps les marques de griffures anciennes, qui lui rappellent avec intensité les moments fougueux partagés avec ses anciens amoureux : « La mémoire s'efface comme s'estompent les traces d'ongles de ces amants qui s'aiment si peu souvent. »
- Pour susciter le désir ou inciter au souvenir : « Ne laissez des marques qu'à des endroits que vous et elle pourrez retrouver en souvenir de vos moments volés. »

Comment utiliser ses dents autrement ?

Si l'on exclut la lèvre du haut, l'intérieur de la bouche, la langue et les yeux, toutes les zones du corps peuvent et même doivent être mordues : « Toutes les parties du corps que l'on peut embrasser sont aussi à mordre. »

Et ce n'est pas tout ! Mordre quelque chose qui appartient à une femme que l'on convoite, qu'il s'agisse d'une parure ou d'une guirlande, est une invitation à l'amour.

Les dents doivent être saines, d'une couleur unie, d'une apparence brillante, avec la pointe acérée et une implantation régulière. Ces deux derniers points sont essentiels car la morsure doit laisser des marques, et plus les dents sont pointues et bien rangées, plus le dessin sera esthétique.

La morsure est déconseillée à ceux qui ont les dents usées, déchaussées, tachées, friables, écartées.

De l'usage de la morsure

Encore un petit catalogue de huit suggestions ! À un détail près : il faut bien s'entraîner avant de procéder avec son partenaire. La première des suggestions suivantes est recommandée aux néophytes :

1. La morsure secrète : seule une rougeur apparaît. Comme ça, si le praticien est encore débutant, ni vu ni connu...

2. La morsure enflée : comme son nom l'indique, elle se manifeste par un renflement, une boursouflure.

3. La morsure du point : la peau est pincée entre deux dents. Elle en conserve une marque comme faite avec un poinçon.

4. La morsure en guirlande : la même qu'au-dessus, mais avec plusieurs dents.

5. La morsure du collier de perles : la même encore, mais cette fois-ci avec toutes les dents. Très jolie à imprimer sur la gorge, l'aisselle, l'aine...

6. La morsure de corail : avec les dents, mais aussi avec les lèvres, pour accompagner la douleur provoquée par les dents de la douceur du contact de la bouche. Parfaite sur la joue.

7. La morsure du nuage : elle imprime des formes circulaires inégales, obtenues en mordant plusieurs fois de suite pas exactement au même endroit.

8. La morsure du sanglier : non initiés, s'abstenir ! Doit laisser de véritables ecchymoses de la largeur d'une bande sur les seins ou les épaules.

Si un homme mord une femme avec violence et qu'il la blesse, elle ne doit sûrement pas accepter sans réagir : elle doit aussitôt répliquer en doublant la mise.

Pour un point, elle se vengera d'un « collier de perles ».

Pour une guirlande, elle répondra par un « nuage ».

Et si le paroxysme est atteint, elle doit engager une violente dispute : elle saisit son amoureux par les cheveux, l'embrasse furieusement sur la bouche, lui demande de capituler, lui fait courber le cou et lui inflige une morsure cruelle.

S'il ose exhiber ses marques devant d'autres, elle dévoilera les siennes, avec un sourire méprisant et une moue affligée.

Tout ça pour montrer qu'on s'aime, qu'on tient à l'autre, et que rien ne pourra s'y opposer...

TRUC DE PARESSEUSE

Quand les amoureux se mordent, se laissent des marques, en jouant entre eux et comme preuve de leurs sentiments réciproques, c'est la garantie d'un amour mutuel qui durera un siècle sans jamais faiblir.

« Du doigté, messieurs ! »

Et pour clore ce chapitre, un avertissement de bon sens de notre ami Vatsyayana... Certains fous, dit-il, refusent d'écouter les enseignements des Anciens. Comme des chevaux haletants, focalisés sur leur but, en fin de course, ils ne voient ni les obstacles ni les crevasses et se précipitent vers l'arrivée, sans tenir compte de leur partenaire.

Or, il convient de se méfier des effets aveuglants des passions incontrôlées. L'amoureux doit conserver à l'esprit que l'amoureuse est moins forte qu'il ne l'imagine, que les coups, griffures et morsures peuvent la faire souffrir.

Et qu'il doit se montrer aussi attentif qu'habile : toujours choisir le moment opportun, l'endroit opportun, l'intensité opportune.

DIX FAÇONS DE DEVENIR LA REINE DES À-CÔTÉS

1. Parlez l'*auparistaka* dans le texte

Autrement dit : pratiquez la fellation, telle que décrite et expliquée par les eunuques, champions incontestés de la chose.

2. Mettez de l'huile sur le feu de la flamme

Entretenez la passion et pas seulement avec des mots doux. Parfois, un peu d'agressivité relance les ébats.

3. Exprimez votre combativité

Plutôt que de se disputer avec des mots, venez-en aux mains. Cela permet de se défouler et c'est plus excitant !

4. Frappez avant d'entrer

Quelques coups donnés avec douceur constituent un excellent préliminaire.

5. Recourez aux griffures

Dans le feu de l'action, quand les baisers et les caresses apparaissent trop mièvres, passez aux griffures, messages ardents et sensuels de l'intérêt que vous lui portez.

6. Ne négligez pas les morsures

Et souvenez-vous que toutes les zones qu'on peut embrasser peuvent aussi être mordues.

7. Soyez attentive à ses désirs

Autorisez-vous tout ce qui vous chante, du moment que ça semble lui plaire.

8. Faites-lui savoir ce que vous aimez

Ne soyez pas trop altruiste : pensez aussi à vous et à votre plaisir.

9. Concluez en beauté

Frappez, mordez, griffez, mais restez toujours à l'écoute : chaque nouveau coup porté doit provoquer un cri croissant de plaisir.

10. Rendez-vous inoubliable

Quand il part, laissez-lui sur le corps la trace de votre ardeur…

chapitre 7

Comment bien mener une relation amoureuse

Est-ce possible de ne pas tomber dans la routine ?

La rencontre, la déclaration, le quotidien, le devoir conjugal, les beaux-parents (eh oui !), les soldes, les disputes... comment garder la flamme du début intacte ? On aimerait bien le savoir...

Commençons par le commencement...

Étape n° 1 : comment faire la conquête d'une femme ?

Vous, forcément, vous savez. Mieux : vous n'attendez que ça. Mais réaliser que le *Kama sutra* ne cherche qu'à souffler aux hommes comment faire, alors que ceux qui vous entourent n'ont pas l'air d'avoir la moindre envie de tendre l'oreille, avouez que c'est rageant. On vous l'écrit donc noir sur blanc. Il sait lire, non ? Alors, laissez traîner le guide ouvert à cette page : ça peut lui donner des idées...

Préambule

Pour commencer, il doit partir avec un bon principe en poche : il fera tout ce qui est en son pouvoir pour satisfaire sa bien-aimée et il lui donnera tout ce qui peut lui faire plaisir. Et une devise : « On ne trouve le bonheur qu'avec une personne que l'on aime vraiment, quelle qu'elle soit. »

Aujourd'hui, ça va de soi, mais n'oubliez pas que ce conseil était dispensé il y a une quinzaine de siècles, auprès de la bonne société et à la gent masculine. Et même si ça va de soi, mieux vaut le rappeler.

Le *Kama sutra* a la bonne idée de conclure ce préambule par un conseil qu'on vous donne à vous : un ami de la famille de la jeune fille, déguisé en astrologue, ira le voir et lui affirmera que tous les augures favorables – signes, place des planètes et autres aspects des astres – sont réunis.

Faire sa cour

Une fois qu'il a fait son choix, l'homme fait parler la jeune fille. Il lui pose des questions sur des sujets variés, qu'il prétend ne pas connaître, pour qu'elle ne redoute pas son jugement.

Si elle reste muette, il repose les questions plusieurs fois, sur un ton aimable, car, comme le dit le *Kama sutra*, une jeune fille, même si elle ne prononce pas un seul mot, écoute toujours ce que dit un homme ! Il persévère, sans jamais se mettre en colère, obtient au moins des signes de tête. La jeune fille reste immobile, silencieuse ; elle lui tourne le dos. Il lui demande s'il lui plaît. Elle affirme que « oui » en hochant la tête. Étape suivante...

Faire la conversation

L'estime s'accroît en parlant, dit le *Kama sutra* : alors on ne va pas se priver ! L'homme converse avec sa bien-aimée, mais aussi avec la meilleure amie de sa bien-aimée (c'est vraiment comme dans un monde parfait !) en la présence de la bien-aimée. La meilleure amie s'empresse de raconter des choses drôlement indiscrètes, notamment des conversations qu'elle a eues avec la bien-aimée. À la suite de cela, la bien-aimée éclate de rire, en baissant la tête. Dit qu'elle n'a jamais dit ça. Son amie insiste : « Si, tu l'as dit ! » La bien-aimée fait semblant d'être indignée, se met à rire, et jette des regards de côté en observant par-dessous la réaction de son adorateur... C'est ainsi que l'on converse, conclut le *Kama sutra*.

Nous, au XXIe siècle, on peut aussi juste se parler.

Faire venir le sujet sur le tapis

La personne convoitée lui a fait comprendre qu'elle n'est pas insensible à son charme. Il doit donc enfoncer le clou. À l'occasion d'un divertissement, il lui prend la main, il la frôle, se presse contre elle l'air de rien. Il attire son attention sur des représentations de l'acte sexuel : à l'époque, c'était une feuille d'arbre qu'il découpait exprès avec habileté et qu'il faisait ressembler à un couple en train de s'aimer ; aujourd'hui, pas la peine de prendre tant de peine, il suffit de regarder autour de soi (pub, film, télé, affiche de cinéma... on a le choix). Il suffit de le désigner candidement du doigt.

Inspirer la pitié

Il lui dit son émotion devant la beauté des choses. Il lui dit aussi qu'il s'inquiète à son sujet. Il lui dit enfin qu'il a rêvé qu'il faisait l'amour avec une autre femme et combien il s'est éveillé écœuré, au bord de la nausée. C'est fou ce qu'il en dit des choses ! Ce qui prouve que les conseils sont bons.

Au spectacle, il s'assoit près d'elle, la touche sous n'importe quel prétexte.

Chaque fois qu'ils échangent un cadeau, il exprime son émoi.

En tête à tête, dans un endroit sombre et solitaire, il lui avoue le fond de sa pensée. Il lui prend la main, la pose sur son front, lui dit qu'il est malade et qu'elle en est la cause. Tout ça trois jours de suite.

BON À SAVOIR

« Si amoureux que l'on soit, pour obtenir la confiance d'une femme et triompher de ses réticences, parler est la meilleure arme. Ne soyez donc jamais avare de paroles. »

Faire envie

Un homme fait naître la confiance et l'amour d'une femme en s'intéressant à ses goûts et en tenant compte de sa personnalité. Il ne doit ni satisfaire tous ses penchants naturels, ni les ignorer complètement. Il doit adopter une position intermédiaire. Il sera aimé s'il lui inspire de la joie et s'il contribue à lui faire avoir une bonne réputation. Après avoir trouvé une femme qui lui convient, selon les coutumes de son pays ou de sa propre initiative, il l'épouse suivant la cérémonie en vigueur. *Amen.*

Étape n° 2 : comment réussir sa nuit de noces ?

Il s'agit à présent de mener sa vie à deux avec un tout premier passage obligé : la première nuit... et les quelques suivantes. Pour bien situer les choses, cette situation particulière est ici mentionnée sous le nom « nuit de noces », mais les conseils sont valides même si le mariage n'a pas été prononcé.

BON À SAVOIR

« Les différentes techniques de l'amour s'apprennent par la pratique ; tous les discours à leur sujet ne sont qu'abstraction. » C'est bien de le reconnaître.

Trois jours pour se connaître

À l'époque du *Kama sutra*, la *nuit de noces* s'écrivait déjà au pluriel. Pas parce qu'elle durait plusieurs nuits, non : ce serait trop prévisible... mais parce qu'on passait déjà trois nuits à ne rien faire ensemble : « Les trois nuits qui suivent le mariage sont pour les jeunes mariés une période d'abstinence sexuelle. » Vous ne trouvez pas ça dingue ?

Le but du jeu était d'amener la jeune épousée à consentir et même à souhaiter le rapprochement sexuel. Seul petit plaisir qui soit consenti aux conjoints dans ces préalables : « On ajoutera du sel et des épices amères à leur nourriture, car c'est agréable. »

Bon, on n'a pas tout perdu : c'est sûr qu'avec ça, on doit pouvoir attendre plus sereinement que la quatrième nuit finisse par arriver.

Pendant sept jours, en fait, il est question de festivités. Les jeunes épousés prennent des bains ensemble (dans des bassins extérieurs, pas dans un Jacuzzi avec du champagne et de la musique douce !), se font beaux, commencent à prendre l'habitude de tout faire ensemble (sauf l'amour – les trois premières nuits). Ils passent voir les amis et la famille pour les remercier d'avoir assisté à leur mariage.

BON À SAVOIR

Un homme qui néglige une femme sous prétexte qu'il la croit pudique sera méprisé d'elle.

Mais que font-ils la nuit ???

Chaque nuit des trois premiers jours, donc, le marié parle avec douceur à sa jeune femme, pour qu'elle s'habitue peu à peu à leur intimité. Signalons qu'un petit groupe de sages dissidents recommandait que, pendant ces fameuses trois premières nuits, le mari laisse la femme dans le noir sans lui parler du tout – mais une sorte d'intuition conduit Vatsyayana à repousser cette possibilité. D'ailleurs, dit-il, un sage leur a déjà répondu, à ces vieux gâteux, que dans ce cas, si le mari demeure immobile et muet comme un pilier, la fille peut vite fait se décourager et le prendre pour un eunuque.

En fait, Vatsyayana considère que, s'il est pendant cette période impératif de proscrire les rapports sexuels, le mari doit en profiter pour gagner la confiance de sa femme. Une femme, dit-il, est une sorte de fleur exquise et fragile qui risque de mal prendre le fait que son homme se montre brutal. Si le mari n'y prend pas garde, elle peut prendre l'acte de chair en aversion et, par voie de conséquence, les hommes. Ce qui n'est pas un service à leur rendre.

Voilà pourquoi le jeune marié doit bien négocier ce démarrage (s'il ne le fait pas pour lui, au moins qu'il le fasse pour ceux qui lui succéderont !).

La première nuit, pas question de se montrer trop expansif. Quelques baisers sans insister. Il approche « le haut de son corps », à partir du moment où elle est d'accord et montre que ça lui plaît. Si elle est très jeune, s'il la connaît mal, c'est toutes lumières éteintes. Sinon, il peut laisser une bougie allumée (la bougie est une option qu'on peut retenir en l'état, même quelques siècles après : allez savoir pourquoi, les jeunes filles ont toujours dans l'idée que la plus belle nuit de leur vie sera éclairée à la bougie – sinon, une petite ampoule de 25 watts fera l'affaire).

CONSEILS POUR NE PAS TOUT GÂCHER

- **« Le plaisir de l'un est conditionné par le plaisir de l'autre. Un instant de précipitation est vite effacé, un instant de volupté n'est jamais oublié. »**
- **Il existe – paraît-il – de sombres abrutis qui ne connaissent rien aux femmes et les prennent de force, prévient Vatsyayana. Que se passe-t-il alors ? Elles deviennent inquiètes, fragiles, chagrines. Elles se mettent à les détester. Comme elles ne sont pas heureuses, se sentent mal comprises, elles sombrent dans le découragement. Elles maudissent non seulement leur mari, mais tous les hommes. Ou alors elles ne maudissent que leur mari et se jettent au cou du premier venu. Donc, quand on est un homme bien, on se montre patient avec la femme qu'on aime.**

Savoir l'apprivoiser...

Si elle se laisse faire jusque-là (on n'est pas arrivé bien loin), le jeune marié lui donne de la noix de bétel, cette noix que l'on mastique, qui vous fait la bouche toute rouge et a des vertus... stupéfiantes !

Elle refuse ? Il lui dit alors des mots doux, lui fait des serments, puis il se jette à ses genoux. Pourquoi ? Parce que – figurez vous – aussi timide et effrayée soit-elle, une fille ne peut pas résister aux suppliques d'un homme agenouillé. « Cela marche toujours et partout ! » affirme Vatsyayana, qui en connaît un rayon sur les femmes. Le jeune homme lui retend le bétel que cette fois-ci elle accepte. Il se fait plus entreprenant et lui donne un baiser sur la joue.

La voilà un peu apprivoisée (le bétel – c'est bien connu – ça aide à se lâcher !).

Il lui caresse alors un sein, le frappe de quelques coups légers. Si elle se raidit, il lui dit qu'il veut bien arrêter si elle l'embrasse. En fait, c'est une ruse : lui, il préfère qu'elle l'embrasse.

Il lui malaxe les hanches et tente, l'air de rien, d'aller plus bas. Si elle se montre récalcitrante, il menace de la mordre et de la griffer. Pire : il se mordra et se griffera lui-même, montrera les marques à tous ses amis en prétendant qu'elle en est l'auteur. Là, elle est bien attrapée !

L'idée – vous l'aurez compris – est de lui inspirer alternativement crainte et confiance afin d'arriver à ses fins. Donc, nous y voilà ? Pas encore !

... pour arriver à ses fins

La deuxième et la troisième nuit, il la caresse et l'embrasse partout. Vous voyez qu'on s'emballe un peu – il était temps : on commençait à s'ennuyer !

Il lui masse les cuisses, tente l'aine, mais elle résiste peut-être. Il se met alors en colère, disant qu'après tout, il ne fait rien de mal. Il reprend là où il avait laissé les choses et va enfin au but, non sans recourir à toutes sortes de prétextes (le *Kama sutra* ne dit pas lesquels – à chacun d'improviser !).

Il détache sa ceinture, dénoue son pagne et lui caresse la peau nue du haut de la cuisse. Enfin ! là, on y est ? Perdu !

Jouer au professeur

D'abord, il lui fait un cours rapide, mais complet, sur les soixante-quatre arts. Comme leur nom l'indique, ils sont quand même soixante-quatre ! Ensuite, il lui dit qu'il l'aime. Elle a intérêt à en profiter, car, comme chacune sait, ce ne sera pas souvent. Ensuite, il la rassure sur ses rivales : c'est elle la mieux, c'est elle la plus belle, c'est elle la plus gentille, la plus intelligente, c'est elle qu'il préfère – la preuve : c'est avec elle qu'il est là, dans le lit ! Ensuite, après l'avoir entièrement délivrée de toutes les inquiétudes qui l'assaillaient, il peut s'apprêter à y aller. En prenant toutes les précautions pour qu'elle ne se ravise pas en route.

Et là, ils se souviennent de tout ce qu'ils ont lu dans le *Kama sutra*...

Étape n° 3 : comment réussir les nuits d'après ?

Là, on peut dire que les choses sont correctement enclenchées. On peut passer à une vie de couple de base, routinière en un mot. Mais il ne s'agit pas non plus de bâcler.

Comment accueillir la femme avec qui on va passer la nuit ?

Un homme de bonne qualité reçoit la femme qui va partager sa nuit dans la chambre à coucher. Jusque-là, rien à dire. Notons cependant qu'il s'y trouve en compagnie de ses amis et de ses serviteurs. Disons plutôt alors qu'on est dans le salon.

La pièce est richement décorée, des encens brûlent silencieusement. La jeune mariée arrive toute pomponnée, baignée de frais et parfumée (le *Kama sutra* ne précise pas si elle revient de chez le coiffeur). Son hôte lui demande de s'asseoir à côté de lui. Tous prennent ensemble des boissons rafraîchissantes.

Il lui effleure les cheveux, la prend par la taille – attention ! du bras gauche et surtout pas en lui touchant la peau, juste « en touchant son vêtement au niveau du nœud de tissu qui lui ceint les hanches ». On va dire qu'on s'en tient à la ceinture du jean.

Ils bavardent, notamment de choses « qu'il est peu convenable de dire tout haut en société ». Ils s'amusent, rient, se racontent des histoires. Lorsqu'il sent qu'elle est prête, qu'elle est envahie par le désir, il congédie tous les convives. C'est le moment de passer dans la chambre. Ils sont seuls, enfin. Il lui détache son pagne, et... se passe ce qui doit se passer !

Et ensuite, est-ce qu'on appelle un taxi ?

La *Kama sutra* précise qu'à la fin des ébats, chacun de son côté va faire sa toilette discrètement, puis retourne s'asseoir pour mâcher quelques feuilles de bétel (une cigarette peut faire l'affaire ? non : [presque] plus personne ne fume aujourd'hui ; essayez de mâcher de la réglisse, alors).

L'homme lui applique de sa main un onguent, longuement. Il l'enlace, toujours du bras gauche (on n'explique toujours pas pourquoi de ce bras-là), en lui disant des gentillesses. Il lui offre de l'eau ou une autre boisson, si elle préfère, et des sucreries.

KAMA-QUIZ

Après l'amour, si on a faim, quels sont les mets recommandés par les sages ?

- **Potage clair, chaud et acidulé**
- **Jus de viandes**
- **Viande séchée**
- **Sirop de mangue**
- **Citronnade au sucre candi**

Réponse : tous ! Mais il faut avoir une petite faim, bien sûr. Les sages ajoutent que l'homme et la femme peuvent manger tous les mets plus ou moins à la mode, disponibles dans le pays où ils sont, du moment qu'ils sont doux, purs et tendres.

Comment savoir si on est faits l'un pour l'autre ?

Selon nos amis les sages, il existe sept types de rapprochements sexuels. Rien ne vous choque ? Le chiffre 7, vous aussi !

1. L'union partagée

On est amoureux, on vient de revenir de voyage ou de se réconcilier après une dispute. On se tombe dans les bras. Là, l'amour se pratique quand on veut, autant qu'on peut !

2. L'union prématurée

Les relations sexuelles précèdent les sentiments réels. Aucun commentaire de la part des sages. Nous, on en a un : les sentiments réels peuvent ne jamais arriver. On appelle ça dans certaines régions « une aventure sans lendemain » ou bien « des amours de vacances »...

3. L'union artificielle

L'homme excelle dans les soixante-quatre techniques et les pratique avec art. Pareil pour la dame. Mais tous les deux ont quelqu'un d'autre en tête, qu'ils préfèrent. Cela ne les empêche pas d'agir, mais le cœur n'y est pas.

4. L'union transférée

L'homme fait l'amour à une femme et pense du début à la fin... à une autre. Ça arrive...

5. L'union équivoque

L'homme fait l'amour, dans le seul but de se libérer de la pression sexuelle, avec quelqu'un qui n'est pas de son milieu ou même « avec une porteuse d'eau ».

Dans ce cas, pas de préliminaires, pas de courtoisie. Et un avertissement : ce genre de rapport, même s'il se limite au minimum, est mal considéré.

6. L'union décevante

Quand un homme distingué (pour la raison citée au-dessus) s'unit à une paysanne ou qu'un paysan s'accouple « avec une vraie courtisane », la chose ne mènera pas bien loin et se révélera forcément décevante. Cette union est également appelée « union des greniers » parce qu'elle se produit souvent... à l'abri d'un grenier à blé !

7. L'union foudroyante

Bien connue sous nos latitudes sous le nom de « coup de foudre », elle qualifie deux personnes qui se plaisent, se sentent attirées, et qui, sans se connaître à fond, se donnent l'une à l'autre.

Comment être une femme admirable ?

Dans le *Kama sutra*, une partie entière est consacrée à l'épouse : quel est le rôle de l'épouse (sa conduite, sa fonction auprès de son mari, de sa belle-famille, etc.) ? Il y a des leçons à prendre. Et d'autres à laisser.

Bien occuper son temps

« Une épouse qui aime son mari doit l'aduler comme un dieu et l'honorer comme un maître. » En dehors de cette tâche à plein temps (!), d'autres attributions lui reviennent naturellement. Une femme tient la maison propre, du sol au plafond (« des sols bien lisses », précise Vatsyayana), l'égaie de fleurs, et se charge bien sûr des rites aux divinités. Un sage observe qu'un mari demeure toujours attaché à une femme qui observe ces règles élémentaires. À ces tâches s'ajoutent celles de s'occuper du jardin, faire des plantations de légumes verts, de canne à sucre, divers arbres fruitiers et épices (la liste exhaustive est fournie – mais si on la consigne ici, on fait concurrence à l'*Almanach des jardins*). Bref, elle assume son rôle ancestral de cueilleuse. En le sophistiquant cependant : on lui conseille de prévoir des sièges pour s'asseoir, un endroit dégagé au centre pour voir, et un bassin et un puits pour faire joli !

BON À SAVOIR

« Une femme mariée doit éviter de rencontrer les mendiantes (bouddhistes ou non), les femmes qui s'adonnent au jeu, les voyantes et les sorcières. » Rien sur votre coiffeur : une chance !

Bien se conduire avec son époux

Pour vous faciliter la vie, plutôt que de vous infliger des pages et des pages de règles de conduite dont certaines sont certes amusantes mais évidemment dépassées, voici une sélection de conseils éclairés tels qu'ils sont livrés par les vieux sages kama-sutriens. Apparemment, ils connaissaient aussi bien les hommes que les femmes. Donnés il y a un petit paquet d'années maintenant, bizarrement, certains de ces principes pourraient encore figurer dans des manuels contemporains.

À la maison

- « En matière de nourriture, une femme doit connaître les goûts de son mari : ce qu'il aime, ce qu'il n'aime pas, ce qui convient à sa santé. »

C'est de cette façon qu'elle lui montre son attachement. Une sorte de preuve d'amour.

- « Quand il revient à la maison, elle se tient prête et se lève pour aller à sa rencontre. »

La suite mentionne un bain de pieds qu'elle est censée lui donner. Mais si on oublie ce dernier détail, l'intention est recevable.

- « Elle participera à ses pratiques religieuses. S'il veut l'en décharger, elle insistera. »

Qu'on soit de la même foi ou pas, partager la pratique, c'est aussi une façon d'accroître la confiance mutuelle. Rien n'a changé.

En tête à tête

- « Elle évitera de se montrer méchante en parole ou en acte. »

Ça va de soi !

- « Si elle veut l'inviter à se rapprocher, elle mettra ses plus beaux atours, aux couleurs rayonnantes, endossera toutes ses parures, se parfumera abondamment et s'enduira d'onguents. »

Là aussi, pas besoin des sages : on le savait. Mais reconnaissez que c'est amusant d'observer qu'ils savaient.

- « Elle se couchera après lui et se lèvera la première. »

Non, tout compte fait, ça, c'est stupide. Même si une grande majorité de femmes se conduit en effet comme ça.

En société

- « Quand elle sort avec lui, elle se montre avec tous ses ornements. »

Bref, elle se fait la plus belle possible, pour qu'il soit fier de se montrer à son bras. Du bon sens, on vous dit, toujours et seulement du bon sens...

- « Elle ne lancera pas d'invitation sans son accord. »

On dirait plutôt aujourd'hui : « sans avoir pris la peine de lui demander son avis ». Mais le conseil est toujours d'actualité.

- « Si son mari se conduit mal, devant des amis elle ne le critiquera pas. Elle se taira. Elle ne se montrera pas ironique. Elle le lui fera remarquer plus tard, avec mesure. Mais elle ne manifestera ni excès ni violence, car rien ne perturbe plus un homme de qualité que ce type de comportement. »

Rien à ajouter, rien à enlever. Un homme qu'on critique, en privé ou en public, c'est un homme qui se perd, puis fatalement un homme qu'on perd.

- « Elle ne divulguera jamais à des étrangers les secrets qu'il lui aura confiés, ni à propos de sa fortune, ni à propos d'autre chose. »

C'est parler juste.

BON À SAVOIR

Avec les amis de son mari – cela va de soi – elle se montre d'une hospitalité sans limites. Et avec ses amies à elle ? On n'en parle pas : elle vit dans un harem, cela limite drôlement les connaissances.

Au sujet de l'argent

- « Elle tempère sa prodigalité. »

Les hommes – c'est vrai – ont parfois, voire souvent, du mal à supporter une femme qui dépense trop. Ou disons « inconsidérément ». Sans jamais aller jusqu'à « C'est qui qui les gagne, les sous ? » (parce que, après quelques décennies de féminisme, un homme a appris à se tenir), la lueur assassine qu'on peut lire dans leur œil renseigne sur leur façon de prendre la chose. Et cela, quel que soit l'apport respectif aux revenus du foyer.

- « À l'époque où elles sont à bas prix, elle fera provision de marchandises diverses. » Le *Kama sutra* parle bien entendu des soldes ! Avec, en prime, un petit encouragement à en profiter.

Avec ses beaux-parents

Avec ses beaux-parents, elle se montre irréprochable : ils ont droit à toute son attention, tout son dévouement. Elle ne doit pas rire devant eux, parler sans raison, les contredire, faire des plaisanteries de mauvais goût. Elle doit s'entendre bien avec leurs amis et ne pas fréquenter leurs ennemis. Il est certain que la vie doit être agréable avec de telles belles-filles !

Quant à ses parents, elle devra continuer à les aimer et les respecter, mais en sachant mettre un peu de distance. En tout cas, en l'absence de son époux, elle ne se rendra chez ses propres parents qu'en cas d'obligation et elle n'y séjournera pas (peut-être afin d'éviter d'avoir à dénigrer son époux en famille).

CONSEILS POUR BIEN S'ENTENDRE AVEC SES BEAUX-PARENTS

• L'alliance dominée : si un homme aisé finit par devenir l'obligé de sa femme et des parents de sa femme, s'il est sous leur emprise, s'il se laisse faire par eux, il est en état de domination, et c'est mal. L'homme ne doit pas s'abaisser devant les parents de sa femme.

• L'alliance soumise : si un homme, en complicité ou avec le soutien de ses propres parents, tyrannise sa femme, la maltraite, lui manque de respect, il s'agit d'une soumission inacceptable, et c'est mal. La femme ne doit pas subir l'emprise de ses beaux-parents.

- **L'alliance équilibrée : les époux se rendent la vie agréable, dans la bonne entente avec la famille. Personne ne domine, personne ne soumet. C'est la seule alliance acceptable, les autres étant désavouées ou même condamnées.**

Pendant ses voyages d'affaires

Quand son mari est parti, outre qu'elle ne conserve sur elle que les bijoux porte-bonheur qu'il lui a offerts – sûrement pas les parures voyantes et coûteuses : quel cœur aurait-elle à les porter puisqu'il n'est pas là pour la contempler ? –, elle se fera un peu de souci pour lui mais pas assez pour délaisser le train de la maison. Elle ira dormir chez des femmes plus âgées, dont elle demandera la protection, mais seulement si ces femmes vivent au même endroit (dans le même harem, ça aide), car pas question qu'elle sorte de chez elle.

Enfin – et c'est le plus joli –, le jour du retour de son aimé, elle l'accueillera dans ses vêtements de tous les jours, pour qu'il puisse constater comme elle se tenait bien quand il n'était pas là pour voir.

Et si, malgré tout, il décide d'aller voir ailleurs ?

Si toutefois tout cela ne lui suffit pas, l'homme peut toujours aller voir ailleurs. En Inde, à cette époque, pas besoin d'aller bien loin ! Il avait toujours son harem sous la main. En effet – petit détail d'importance –, l'homme de l'Inde d'il y a quinze siècles ne s'embarrassait pas des procédures de divorce que nos contemporains ont à affronter. Quand il en avait assez d'une femme, il en prenait tout simplement une autre, sans devoir se séparer de la précédente ; et c'est ainsi qu'à la longue, on se trouvait à la tête d'un harem. Ce qui nous amène à la question suivante :

Comment est-il censé se conduire avec son harem ?

- Il doit traiter toutes ses épouses avec équité.
- Il ne doit avoir aucune indulgence ni aucun mépris pour leurs défauts.
- Il doit trouver une petite chose particulière à vanter chez chacune d'elles. Des exemples ? Il se confie plutôt à l'une, danse plutôt avec une autre, loue la beauté d'une troisième, et cela toujours dans le but de se montrer équitable dans ses compliments.
- Si l'une de ses femmes se plaint d'une de ses rivales, il ne doit pas écouter. Et s'il écoute, c'est pour lui dire qu'elle-même est coupable de la même chose ou de bien pire.
- À aucune il ne doit vanter les qualités d'une autre ; devant aucune il ne doit blâmer les défauts d'une autre.
- À aucune il ne doit parler de la façon dont ses ébats se passent avec une autre.
- Il devra procurer de la joie, du bien-être, du confort à toutes ainsi qu'à leur famille.
- Et enfin, il les ravira toutes par ses performances sexuelles.

DIFFICILE DE TENIR UN HAREM !

Même si la polygamie est fréquente (et prisée, mais pas systématique comme nos préjugés un peu primaires nous porteraient à le croire), le harem, lui, est tout de même une spécialité de notables : le roi, les seigneurs... Tout simplement parce que tout le monde n'a pas les moyens d'entretenir une kyrielle de femmes, avec leurs lots de servantes et de gardes.

Dans ces harems, par définition bien gardés, il n'y a bien sûr aucun homme – d'où une certaine insatisfaction des femmes.

« C'est pour cela qu'elles se donnent du plaisir entre elles : elles déguisent des servantes en hommes, les équipent d'un objet en forme de *linga*. Ou bien le seigneur, ayant pitié, recourt à un aphrodisiaque pour contenter plusieurs d'entre elles dans la même nuit... ou bien il utilise lui-même un *linga* artificiel. »

Comment justifie-t-il sa démarche ?

Quels sont les motifs qui peuvent conduire un homme à aller à la recherche d'une autre femme (pour eux, *une autre* voulait dire « une de plus » ; pour nous, *une autre*, veut dire « une à la place ») ?

Celle qu'il a est stupide ou a mauvais caractère. Ou bien elle lui inspire du dégoût. Ou encore elle ne lui a donné que des filles. Une dernière raison est qu'il est lui-même frivole.

Dans ce cas, comment réagir ?

Oui, comment se conduire alors qu'on est délaissée par son mari ? Là, il va falloir serrer les dents. Déjà, le *Kama sutra* vous explique qu'une chose pareille se produit souvent quand l'épouse est laide (mais si elle ne lui plaît pas, il n'avait qu'à pas l'épouser !). À partir de là, comme elle sait quand même que c'est un peu de sa faute, elle fait profil bas : « Quand la femme délaissée se trouve seule avec son mari, elle se met à son écoute, à sa disposition, mais elle lui tait le tourment qu'elle supporte à cause de sa rivale. » Et pour couronner le tout, elle doit lui dire des trucs incroyables – mais qu'il croira –, du genre qu'elle ne vit que pour lui et pour mériter son amour, et patati et patata.

Toujours pour garder une attitude convenable, la femme délaissée s'occupe des enfants des autres femmes. Elle se charge des domestiques, sans en tirer trop de gloire. Si son mari se dispute avec une autre épouse, elle fait tout pour les réconcilier. S'il veut avoir un rapport sexuel avec une autre, elle l'organise. Si, par le plus grand des hasards, il lui demande de le rejoindre dans sa couche, elle accepte et surtout se garde bien de tout reproche. Mais, heureusement ! les sages sont cyniques : compte tenu qu'elle a du temps de libre, elle le met à profit pour bien étudier son mari, pour découvrir ses failles, ses faiblesses, afin de pouvoir les utiliser à son avantage dès que son heure se présentera !

Comment faire le vide autour de lui ?

Un harem, c'est une partie intégrante de ce qui se passe autour de l'homme que vous convoitez jusqu'à ce qu'il s'engage avec vous. Alors voilà, selon les sages, comment remporter le morceau :

Mettez-vous bien avec la favorite du moment, pour endormir sa méfiance. Quand c'est fait, montez les autres une à une contre elle.

Quand la situation est bien envenimée, encouragez-les toutes à se liguer contre la favorite, « à la dénoncer comme malveillante ». Si, déstabilisée par toute cette méchanceté, elle se dispute avec l'homme convoité, prenez son parti à lui : soutenez-le dans ses récriminations. Bien sûr, si la querelle semble s'atténuer, mettez de l'huile sur le feu.

En revanche, si la favorite est indéboulonnable, changez de tactique : remettez-vous bien avec elle, arrangez-vous pour vous réconcilier, faute de quoi vous risqueriez bien d'être mal vue par l'homme convoité – tout le contraire de ce que vous souhaitez !

Comment bien se disputer ?

Eh oui, on peut très bien ne pas se résigner et décider de résister en se disputant. D'abord, parce qu'il n'y a aucune raison de se laisser faire sans rien dire. Ensuite, parce que le *Kama sutra* considère que les disputes raniment la passion. Ça vaut le coup d'essayer !

KAMA-QUIZ

« Elle se met à pleurer, secouer sa chevelure, trépigner, le frapper, saccager ses vêtements... Elle hurle, le saisit par les cheveux, lui donne une sévère raclée. »
Selon vous, cette femme un peu fâchée est une femme :

- **que son mari vient de répudier ?**
- **que son mari refuse d'honorer ?**
- **dont le mari vient de prononcer par inadvertance le nom d'une rivale ?**

Réponse : la dernière.

Engager le match

Nos vieux sages étaient intraitables : une dame de qualité n'a aucune raison de supporter que son bien-aimé mentionne l'une de ses rivales, pas même qu'il prononce son nom. Et pire encore, si, parce qu'il est distrait ou absorbé par ce qu'il fait – par exemple, parce qu'il est en train d'atteindre l'orgasme –, il l'appelle du nom de l'autre. Dans ce cas, c'est carrément la guerre. Sans pardon... enfin presque.

Les sages sont incorrigibles. Tout en expliquant comment agir et réagir dans le cadre d'une dispute à cause d'un nom qui sort par erreur au moment inopportun, ils s'offrent le luxe de préciser : « Ainsi, si vous suivez ces principes, vous aurez beaucoup de succès avec les femmes, non seulement avec la vôtre, mais aussi avec celles des autres. »

Jouer le premier round

La dame commence par pleurer, beaucoup. Elle secoue la tête, cambre le corps, menace du poing, trépigne, hurle. Elle le frappe, comme ça vient. Elle déchire tout ce qui lui passe par les mains : guirlandes de fleurs et ornements végétaux. Elle saccage les colliers qu'il lui a offerts et qu'elle porte encore autour du cou, des chevilles, des poignets. Elle tombe du lit. Elle se roule par terre.

Il est alors conseillé au responsable de ce cataclysme de tenter de calmer la dame, en se montrant doux. De la soulever du sol, de la ramener sur le lit, de se jeter à ses pieds en la suppliant.

Gagner le second round

En général, tout cela ne fait que raviver la colère (le premier round semble être une étape dont on aurait pu faire l'économie – mais bon, elle doit bien avoir son intérêt : les sages se trompent rarement).

Sans rien entendre, elle crie plus fort, elle saisit l'homme par les cheveux, lui file une « sacrée raclée » (dit tel quel dans la traduction !), à coups de pied sur les bras, la tête, la poitrine ou le dos.

Là, elle se dirige « très certainement », précisent les sages, vers la porte.

C'est le moment pour lui de lui barrer le chemin et de fondre en larmes. Elle pourrait le pousser et sortir.

Surtout pas, malheureuse ! Ce serait une grave erreur. Après cette furieuse colère, elle doit se diriger vers la porte, mais surtout ne pas la franchir, car sinon elle abandonne le terrain, et ça c'est très mauvais pour elle.

BON À SAVOIR

Les sages disent de cette partie sur la dispute qu'elle est « chère aux femmes », d'une part parce quelle a – paraît-il – pour elles un charme particulier (les femmes auraient-elles du goût pour les disputes ?) et d'autre part parce que les conseils qui y sont dispensés leur sont très utiles.

Remporter la victoire

La femme fâchée doit commencer à estimer que le bien-aimé en a fait assez, qu'il vient de lui fournir les preuves suffisantes de son attachement... et de son désir de réconciliation.

Contre toute attente, elle va vers lui, l'embrasse, lui dit combien ce qu'il a fait l'a blessée, et lui souffle que son désir n'est pas assouvi ; bien au contraire : il n'a jamais été si ardent. Elle lui envoie un regard enflammé. Et c'est à ce moment-là qu'elle sort !

Il est alors d'usage qu'il lui envoie un messager, qui la fera bientôt revenir avec lui. Pour une très belle nuit.

Ce qui est troublant, c'est de constater que cette dramaturgie proposée par les sages d'un autre temps, respecte assez fidèlement, mis à part quelques excès de comportements, les étapes ordinaires d'une dispute d'aujourd'hui...

DIX FAÇONS DE FAIRE DURER LA RELATION ET PROLONGER LE PLAISIR

1. Dites-lui ce qui vous fait plaisir

Il est tout prêt à vous rendre heureuse, alors donnez-lui au moins la marche à suivre.

2. Invitez-le à vous faire la cour

Quoi de mieux qu'être courtisée ? Alors laissez-le vous poursuivre.

3. Engagez la conversation

Vous aimez parler. Lui pas tant que ça. Ne vous résignez pas, lancez la conversation.

4. Soignez votre première fois

Pas question de bâcler votre première nuit d'amour. Mettez-y les formes. Ce sont des souvenirs que vous vous construisez. Le *Kama sutra* recommandait trois premières nuits sans rien. À vous de voir si vous pourrez tenir...

5. Mettez en scène les nuits d'après

Ne vous installez pas dans la routine. Approchez-vous chaque soir comme si c'était le premier.

6. Montrez-vous admirable

C'est le meilleur moyen pour qu'il vous admire. Ne ménagez surtout pas votre peine.

7. Oubliez de temps en temps le « politiquement correct »

Et souvenez-vous qu'« une épouse qui aime son mari doit l'aduler comme un dieu et l'honorer comme un maître ».

8. Retenez ce qu'il aime

Aussi en matière de nourriture.

9. Ne vous montrez jamais méchante

Ni en parole, ni en acte.

10. Ne le critiquez jamais

Il ne le supporte pas. Et moins encore en public.

chapitre 8

Comment prendre un amant

Et si vous passiez à autre chose ?

Des années de bonheur à ce train-là, et forcément on se lasse. Ou alors c'est lui.

Le *Kama sutra*, qui se veut l'encyclopédie de la vie conjugale, n'allait tout de même pas faire l'impasse sur cette question.

Le *Kama sutra* n'est certes pas du genre à porter des jugements moraux sur nos comportements. La vertu n'est sûrement pas un idéal pour les vieux sages. C'est du reste ce qui les rend sympathiques, quasi amicaux.

Côté « couple », vous en avez assez ? Envie d'aller voir ailleurs ? Le quotidien ne suffit plus ? C'est la rupture, quitte à tout reprendre à zéro avec un/une autre partenaire. Bonne nouvelle ! On passe à la suite.

BON À SAVOIR

« Un homme attentif au caractère et aux émotions des femmes est en mesure de circonvenir leur méfiance, d'annuler leur défiance, et d'en jouir pleinement pour leur satisfaction réciproque. »

Des signes qui ne trompent pas

Les Anciens savaient que l'amour a une fin, qu'un homme se détache. En général, c'est toujours sa femme à être la dernière au courant ! Pour éviter ça, heureusement qu'il y a le *Kama sutra* ! Il recommande avant tout d'être attentive à tout changement d'humeur, afin de détecter les indices éventuels de sa tiédeur.

Voici les signes qui ne trompent pas :

- Il rechigne à donner de l'argent.
- Il promet tout mais n'accomplit rien.
- Il dit une chose et fait le contraire.
- Il modifie ses habitudes.
- Il parle en aparté avec ses proches.
- Il prétend qu'il a des choses à faire.
- Il trouve des prétextes pour aller rendre service à un ami.
- Il engage une longue conversation avec l'amie d'une femme qu'il a connue avant vous.

À vous de tourner la situation à votre avantage ! Vous avez les cartes en main...

Soit vous prenez la voie radicale et vous rompez (et on ne va pas tarder à vous dire comment). Soit vous tournez la situation à votre avantage : l'adultère se présente à vous, avec toutes ses joies et toutes ses peines. Vous hésitez ? Les vieux sages le savaient. D'ailleurs, histoire de vous bluffer, ils avaient dressé une liste complète des motifs pour lesquels une femme mariée repousse les avances d'un autre homme.

Un amant, pourquoi pas ?

Vous hésitez...

La liste est longue pour décrire les états d'incertitude d'une femme qui commence par résister à la tentation de l'adultère. Aussi, nous l'avons scindée en trois pour vous aider à y voir plus clair dans vos sombres pensées :

Les raisons qui font hésiter une femme

- Elle aime son mari (là – rien à dire – on se soumet).
- Elle a peur de se dénuder devant un autre.
- Elle a peur de se montrer trop inexpérimentée devant cet autre.
- Elle a peur de s'investir beaucoup pour une histoire sans lendemain.
- Elle a peur d'y tenir plus que lui ne semble tenir à elle.
- Elle a peur qu'il arrive quelque chose à cet homme qui l'aime tant.
- Elle a peur de ne pas être à la hauteur, de montrer ses défauts.

Les raisons liées au prétendant

- Elle n'est pas sûre de ses intentions (mais ce n'est pas en restant plantée là que vous vous ferez une meilleure idée).
- Elle redoute qu'il en ait déjà une autre en tête et n'a pas envie de retomber dans toutes ces histoires de rivalité et de jalousie (là – c'est vrai –, on ne peut rien garantir).
- Elle se méfie de lui parce qu'il a trop d'amis.
- Elle se méfie de lui parce qu'il est peut-être méchant.

- Elle se défie de lui parce qu'il est impressionnant, important ou influent.

DITES-MOI POURQUOI VOUS ME DITES « NON », ET JE VOUS FERAI DIRE « OUI »

Les sages du *Kama sutra* n'ont pas établi cette longue liste juste pour occuper une interminable soirée d'hiver, mais pour peaufiner les contre-attaques adaptées. « Dès le début, conseillent-ils à leur protégé, c'est-à-dire l'homme, tâchez de savoir ce qui la retient. » Ainsi, il pourra ajuster son comportement.

Un exemple : elle vous considère d'une situation sociale bien supérieure à la sienne.

Vous atténuerez cette impression en vous montrant très passionné – ce qui aura pour effet de compenser.

Un autre : elle vous estime trop, redoute de souffrir.

Montrez-vous très familier, très proche, très attentionné, très disponible.

Bref, aux craintes opposez le contraire. Quant aux difficultés, aplanissez-les. Et si elle est du genre à céder, vous triompherez, disent les vieux sages.

Maintenant, êtes-vous de ce genre ?

Les raisons liées à la situation elle-même

- Elle craint d'avoir des enfants illégitimes (entre-temps, la médecine a fait des progrès !).
- Elle redoute de transgresser un interdit (entre-temps, Freud est arrivé).
- Elle manque de pratique en ce domaine (mais il faut bien commencer un jour !).

- Elle est déjà en colère à la seule idée qu'on l'aborde sans précaution.
- Elle a peur d'être démasquée par son propre mari ou surprise par des proches.
- Elle se demande si ce n'est pas un piège tendu par son mari...

Les sages recensaient une autre crainte, à laquelle peu de femmes songeraient spontanément aujourd'hui : elle a peur de tomber avec un homme lapin si elle est éléphant ou sur un homme cheval si elle est gazelle. Ouf ! ça fait une inquiétude de moins à se trimballer !

Êtes-vous une femme facile ?

Pour aider l'homme à le savoir, le *Kama sutra* avait tout prévu en mettant au point une liste, encore une fois, des femmes qu'il est aisé de conquérir. Une longue liste (combien de soirées interminables avaient-ils donc à remplir ?) dont nous avons extrait quelques exemples qui nous vrillent par leur perspicacité :

La femme facile en général

- Celle qui n'est jamais chez elle.
- Celle qui traîne sur les terrasses.
- Celle qui est couverte de bijoux.
- Celle qui est tout le temps fourrée chez son jeune voisin pour parler de tout et de rien.
- Celle dont le mari a de nombreux frères plus jeunes que lui.
- Celle qui attire tous les hommes.

- Celle que les autres femmes méprisent.
- Celle qui est envieuse.
- Celle qui est avare.

Celle qui ne dit pas « non » (à lui en particulier)

- Celle qui n'arrête pas de le regarder.
- Celle qui lui jette des coups d'œil à la fois discrets et provocants.

Celle qui n'est pas heureuse chez elle

- Celle qui est délaissée par son mari.
- Celle qui déteste son mari.
- Celle que son mari déteste.
- Celle que son mari fait semblant d'aimer.
- Celle dont le mari est tout le temps en voyage.
- Celle qui n'a pas d'enfant.

Comment lutter contre votre nature ?

Si vous venez de vous reconnaître dans cette liste, pour une ou plusieurs raisons, pas de chance : la facilité avec laquelle on peut vous aborder devrait être votre atout. Or, c'est peut-être bien votre handicap : « Car on sait combien les hommes méprisent ce qui est trop aisé à obtenir. » Cette phrase et d'autres du même genre, du même sens émaillent le texte du *Kama sutra*, comme une sorte de leitmotiv de prudence. Même si notre cher Vatsyayana – peut-être parce qu'il avait justement en tête une femme facile, et qu'il ne voulait pas gâcher ses chances –, à l'une de ces occasions (une seule !), le tempère : « Un homme se détourne d'une femme qu'il a obtenue facilement. Même s'il est excessif de conclure qu'un homme méprise systématiquement ce qu'il obtient sans effort ou qu'il choisit de préférence la difficulté. »

Connaissez-vous bien vos propres fonctionnements ?

Vous savez à peu près si vous êtes une femme facile ou pas. Mais avez-vous pensé à votre nature parfois incontrôlable ?

En amour, le comportement féminin est exactement à l'opposé du comportement masculin. La femme ne tient pas compte de ce qu'il faut faire ou pas. Elle ne calcule pas, se montre spontanée, au point qu'elle peut très bien repousser aujourd'hui celui qu'elle avait encouragé hier. Pire : elle peut résister à quelqu'un qui lui plaît alors qu'au fond, elle le désire. Bref, elle est changeante, elle varie. Ce qui fait que, devant une détermination qui frise l'obstination, elle finit par céder.

Et les siens ?

Même s'il est très amoureux, l'homme ne peut s'empêcher de tenir compte de considérations morales. Il est tout à fait capable de contrôler ses sentiments, ses émotions, et si celle qui lui plaît ne correspond pas à ses critères sociaux – de respectabilité notamment –, il peut très bien s'en détourner. Car « faire des efforts pour conquérir une femme en dehors des usages ne l'intéresse pas longtemps ».

Quand on lit tout cela aujourd'hui, on se dit que tout a tellement changé depuis. Et puis on le relit. Et on se dit qu'au fond, pas tellement ! Pour quelques individus qui semblent faire exception à ces règles et qu'on montre en exemple, ou qu'on monte en épingle, combien s'y conforment ?

Comment déchiffrer sa réaction à lui ?

C'est qu'il faut être deux pour assumer la chose. Et avant de s'engager (dans cette liaison, pas pour la vie – vous connaissez les hommes...), il doit mesurer les risques de l'aventure. Ainsi, si un homme se détourne de vous alors qu'il avait fait le premier pas, sachez que ce n'est pas parce qu'il est inconstant ou indécis, ou même un peu lâche sur les bords. C'est peut-être tout simplement parce qu'il tenait moins à vous qu'à l'idée qu'il se fait de la morale. Car, au fond, un homme peut-il aborder la femme d'un autre homme pour en faire sa maîtresse ?

Une fois de plus, le *Kama sutra* – ouvrage religieux, nous vous le rappelons – joue son rôle de coach à la perfection : la réponse est « Oui, dans la mesure où son désir le submerge dans des proportions qui lui font craindre de tomber malade physiquement ou moralement ». Là – on s'en doute –, entre la morale et la vie, les vieux sages choisissent la vie.

MESURER SES SENTIMENTS

Il ne s'agit pas non plus de se faire porter pâle juste pour rafler une autorisation qu'on ne mérite pas. Voilà pourquoi le *Kama sutra* précise qu'il existe dix degrés sur l'échelle de l'intensité amoureuse, sans toutefois indiquer celui à partir duquel on peut céder à son inclinaison :

1. **Le regard est capté.**
2. **Le cœur est saisi.**
3. **L'esprit est obsédé.**

4. **Le sommeil s'enfuit.**
5. **La santé s'altère.**
6. **La pudeur s'évanouit.**
7. **La dépression s'installe.**
8. **La folie gagne.**
9. **Le coma guette.**
10. **La mort survient.**

Comment suivre ses instincts ?

Admettons qu'il se considère suffisamment amoureux pour se lancer. Un dernier avertissement : une femme s'enflamme vite à la vue d'un bel homme, et réciproquement, mais parfois tout cela n'est que désir, pulsion et compagnie, et la flamme s'éteint aussi vite qu'elle s'est allumée. Maintenant, si vraiment ni lui ni vous ne pouvez résister, foncez !

Les raisons pour sauter le pas

Sachez alors qu'une femme vertueuse se laisse corrompre en général parce que :

- elle sort beaucoup ;
- elle a un mari infidèle ;
- elle a un mari jaloux ;
- elle a un mari qui ne l'aime pas assez ou le lui montre peu ;
- elle a un mari qui s'absente beaucoup ;
- elle vit à l'étranger et manque de confort affectif ;
- elle fréquente des femmes qui trompent leur mari.

Plonger en toute connaissance

Attendez, laissez-nous quand même vous demander si vous ne préféreriez pas choisir votre amoureux adultère parmi les valeurs sûres suggérées par la *Kama sutra*.

Voici en effet la liste des hommes qui plaisent aux femmes :

- Les hommes qui fréquentent des femmes depuis leur enfance (et qui donc les connaissent bien).
- Les hommes très viriles (le « politiquement correct » nous l'interdit aujourd'hui... mais jusqu'à quand ?).
- Les hommes qui inspirent confiance.
- Les hommes qui font des cadeaux et qui aiment discuter (pratiquement votre meilleure amie, en homme !).
- Les hommes qui n'ont aimé personne avant elle (parce qu'on a peur d'être comparée ou par jalousie primaire ?).
- Les hommes qui font beaucoup l'amour, même si ce sont leurs propres serviteurs (attention ! là, on touche au fantasme).
- Les hommes qui viennent de se marier (comment les vieux sages pouvaient-ils à ce point nous percer à jour ?).
- Les hommes qui les comprennent (il est vrai qu'ils sont si rares...).
- Les hommes entreprenants.
- Et les hommes courageux, grands, beaux, bien faits, très amoureux, qui surpassent en tout leur propre mari.

Enfin, sachez qu'un homme digne de ce nom, avant de se lancer, doit procéder à quelques vérifications afin de déterminer si oui ou non vous êtes dans de bonnes dispositions. Pour cela, il dispose d'une arme de choix : l'observation de votre comportement. Il suffit d'observer la chose suivante : « Si, après avoir repoussé les avances d'un homme, une femme accepte de le rencontrer de nouveau et qu'elle est deux fois plus élégante, il peut être assuré d'arriver à ses fins, quitte à y mettre un peu de temps. » C'est là encore la preuve qu'en psychologie féminine, les sages de l'Inde ancienne avaient une longueur d'avance sur tous les manuels de séduction contemporains...

TRUC DE PARESSEUSE

Il est essentiel d'avoir toujours à l'esprit que rien n'est plus pénible pour un homme que d'essuyer un échec. D'une façon ou d'une autre, il tâtera le terrain. À vous de comprendre qu'il vous teste et de lui adresser le bon message – ce qui ne veut pas dire « se jeter dans ses bras » mais « lui faire comprendre que, si lui vous tend les siens, vous ne seriez pas contre l'idée de vous y précipiter ».

Comment encourager le destin ?

Selon le *Kama sutra*, une femme qui se laisse draguer, qui accepte les rendez-vous en tête à tête, et qui malgré cela ne saute jamais le pas se conduit mal et mérite d'être traitée de « petit démon ». Qui pourrait le contredire ? Cependant, poursuit le *Kama sutra* avec un cynisme réjouissant, il est tout à fait possible qu'à la longue elle finisse par céder. Pourquoi ? Parce qu'il faut toujours garder en tête que l'être humain est inconstant. Et qui pourrait, là encore, contredire cette vérité ? Une femme de ce genre, poursuit le *Kama sutra*, peut s'apprivoiser si on y met le temps et l'énergie. « Mais cela est ardu », concède-t-il. L'idéal est alors de recourir à un intermédiaire :

L'entremetteuse

À l'époque, il y avait les entremetteuses qui étaient faites et payées pour ça. Aujourd'hui, on a toutes au moins une copine qui est toujours prête à rendre ce genre de service – et bénévolement en plus ! Le seul problème, c'est qu'elle n'est pas assez formée pour la tâche requise et donc pas toujours assez professionnelle pour arranger les choses. Pire : parfois même, elle les aggrave.

Peut-être faut-il mieux leur expliquer leur mission, qui tient en peu de mots : s'arranger pour que, quelle que soit l'attitude de la convoitée, le convoiteur soit rassuré sur ses chances d'aboutir et que, quelle que soit la lassitude grandissante du convoiteur, la convoitée demeure persuadée qu'il est parfait pour elle.

L'entremetteuse de l'Inde du début de notre ère avait un rôle autrement plus subtil à jouer : c'était elle qui conduisait vaillamment la femme convoitée du non au oui. Comment s'y prenait-elle ? Attention : c'est démoniaque. Mais instructif !

La méthode de l'entremetteuse

Premier temps

- Elle tentait de mieux connaître la femme, de percer son caractère, gagnait sa confiance, l'éloignait de son mari, et s'attachait à l'amadouer.
- Elle lui répétait les rumeurs qui couraient à propos de l'adultère et lui en vantait les mérites.

- Au passage, elle lui disait combien elle était belle, et intelligente, et gentille en plus !
- Elle lui disait combien son mari ne la méritait pas.
- Elle lui disait combien son mari était moche, bête, pas gentil, avare, menteur.

Second temps

- Elle lui disait alors qu'elle avait dans ses connaissances quelqu'un de vraiment formidable : « Il est magnifique, il vous a remarquée, il n'est pas loin de crever d'amour pour vous. »
- Elle lui disait encore la même chose le lendemain.
- Elle lui disait autre chose le surlendemain : que sexuellement c'était un as, qu'il connaissait par cœur et sur le bout des doigts les soixante-quatre arts, et qu'en plus, du côté des femmes, c'était un sacré numéro. « D'ailleurs, elles sont toutes à ses pieds », disait-elle pour finir.
- Elle lui disait de nouveau combien elle était belle, et intelligente, et gentille en plus.

Finalement, la méthode est toujours d'actualité !

Donner correctement la réplique

La femme qui est ainsi travaillée au corps a aussi un rôle à jouer. Elle doit répondre à toutes ces insinuations que ce serait mal, très mal, de donner un quelconque espoir à ce beau soupirant. Qu'elle est mariée, qu'elle est honnête, et que : « Oublions tout ça, ce n'est pas pour moi. La frivolité ? Ah ! pour les autres, peut-être. Mais, non, vraiment, quand on n'est pas faite pour ça... »

Elle se moquera gentiment de son courtisan, sans toutefois le blâmer. Comme l'entremetteuse remet ça, qu'elle finit par venir lui porter les présents de son client (n'oublions pas qu'elle est payée pour ça), elle se fait moins rétive et finit par accepter de le rencontrer. Et infiniment plus si affinités...

Arrêter de perdre du temps

Le faire macérer, c'est bien. Mais il arrive un moment où c'est juste du temps perdu pour tous les deux. Donc, on lui fait comprendre qu'il peut y aller et vite !

Encourager le soupirant

Le *Kama sutra* donne au soupirant quelques pistes pour saisir dans l'attitude de sa bien-aimée ce qui pourrait le renseigner sur ses intentions. Et là, c'est vrai qu'il pourrait bien commencer à se douter de quelque chose...

- Elle s'arrange elle-même pour le rencontrer.
- Elle s'adresse à lui flageolante, en bafouillant (certes, vous avez l'air d'une nouille, mais s'il tient à vous, ça ne changera rien pour lui).
- Elle a les pieds et les mains moites (pour les pieds, il faut quand même qu'il ait eu envie d'aller vérifier...).
- Elle transpire du visage (du côté de la séduction, nous, on dit que, si vous pouvez... évitez ! il y a d'autres façons de lui faire comprendre que vous êtes conquise).
- Elle le presse contre elle « et le tripote » comme de la bonne pâte (oui, à ce moment précis, il doit quand même se faire une idée de vos dispositions).

- Elle le palpe partout, d'une main, avec appétit ; de l'autre, elle le caresse ; puis, des deux bras, elle se jette à son cou. « Quelle situation merveilleuse », commente le *Kama sutra* – qui se laisse facilement saisir par l'émotion.
- Elle s'arrête, pose ses mains sur sa propre poitrine, hagarde, comme engourdie, avant de baisser les yeux.
- Et là, s'il demande un massage de l'aine, « elle n'y est sûrement pas hostile ».
- Pour enfoncer le clou, si, le jour suivant, elle revient procéder au même type de massage, c'est qu'elle veut vraiment qu'il comprenne qu'elle consent à se laisser séduire.

BON À SAVOIR

« Celui qui est sage et veut garder sa réputation fera très attention à ne pas courtiser une femme mariée si elle est réservée, et plus encore si elle est très surveillée pas ses beaux-parents. »

Comment mener à bien une relation adultère ?

Pour la rencontre, soit on s'en tient au hasard, soit on le provoque. Dans les deux cas, l'homme, selon le *Kama sutra*, doit faire le premier pas. Donc, à partir de là, les conseils lui sont destinés.

Mais c'était il y a longtemps. Les relations amoureuses ont bien évolué depuis. Si toutefois vous considérez que de nos jours la femme peut très bien prendre les choses en main, rien ne vous interdit de vous inspirer de la marche à suivre qui lui est suggérée :

Démarrer

Il manifeste son intérêt toujours de la même façon, à l'aide d'attitudes codifiées qui mériteraient d'être retenues par nos contemporains. Au choix : il se passe la main dans les cheveux (original, non ?), claque des ongles, fait tinter ses bijoux, se mord la lèvre inférieure... bref, il tente d'éveiller la curiosité.

Quand elle le regarde, il parle d'elle comme sans faire exprès. Il parle fort, tient des discours brillants où il se montre sous son meilleur jour.

Passer la première

Il insiste sur son goût pour les plaisirs de la vie. S'il est assis à côté d'une autre femme, il manifeste un peu trop explicitement son ennui : il bâille, chantonne les yeux dans le vague, parle à peine, écoute encore moins. Il fait semblant de s'occuper moins d'elle que des autres. Mais, bien sûr, c'est une ruse ! À l'occasion, il se montre très aimable avec ses parents. Et si elle porte un enfant dans les bras (peut-être le sien ?), il le cajole et lui caresse le menton.

PAS FOU !

« Celui qui remarque que le mari de la femme qu'il convoite n'arrête pas de tourner dans les parages se gardera bien de prendre le moindre contact avec la femme en question, même s'il sait qu'elle est très ouverte à l'éventualité d'un rapprochement. »

Avancer rondement

Ils sont assez intimes pour qu'il se rende chez elle. Dès qu'elle écoute, mais sans s'adresser à elle, il parle du *Kama sutra*. Un peu gros comme ficelle, mais allez savoir... Il oublie quelque chose qui lui appartient en partant ; revient. En laisse une autre. Revient. Et pour gagner sa confiance, que fait-il ? On vous le demande, mais vous n'avez pas la réponse, même si vous avez déjà vu ce genre de situation quelque part, parce que les sages sont toujours beaucoup plus forts qu'on imagine : il favorise les rencontres entre elle et sa propre femme (il était donc marié ? il n'avait rien dit – ces hommes, quand même !) et les invite à bavarder ensemble comme de bonnes camarades. Si, si !

Enclencher la vitesse supérieure

Comme il veut la voir régulièrement et éviter d'éveiller les doutes, il s'arrange pour avoir les mêmes fournisseurs : le même joaillier, le même orfèvre, le même teinturier – aujourd'hui ça marche aussi bien avec le même boulanger, le même charcutier et le même pressing. Comme ça, il multiplie les occasions de la voir sans prendre de risques. Sans se cacher le moins du monde, il lui rend visite, « soi-disant » pour débattre avec elle de sujets intéressants. Une conversation menant à une autre, ils passent beaucoup de temps ensemble.

BON À SAVOIR

« Il est important de savoir qu'on ne doit jamais séduire deux femmes en même temps. »
Si on s'arrêtait là, on pourrait presque applaudir des deux mains. Seulement voilà, les sages n'ont aucun scrupule, car ils ajoutent : « Quand on a séduit la première, on reste bien avec elle en lui offrant des cadeaux, et c'est alors, et alors seulement, qu'on passe à la seconde. »

Se faire bien voir

Si elle manifeste une envie quelconque (un spectacle auquel elle aimerait bien assister, une expo...), il lui fait comprendre qu'il est tout à fait capable de lui donner satisfaction et il le prouve en s'exécutant. Devant les autres, ils parlent de tout et de rien : de l'actualité, de questions d'argent, des amis en bien ou en mal, etc. Si elle conteste un point de vue qu'il défend, « il ne la contredit surtout pas, il dit que tout est magnifique et qu'elle a raison sur tout ».

Toucher au but

Ces préambules convenablement conduits et les signes de son intérêt pour lui étant désormais patents, il est temps de l'approcher sexuellement.

Dans une réunion de famille ou d'amis, il la prie de lui donner la fleur qu'elle tient en main ou qu'elle a piquée dans ses cheveux. Il la conduit dans un endroit isolé, l'enlace, la couvre de baisers, et, après quelques échanges de cadeaux, « lui palpe son intimité profonde et conclut en beauté ». Ils deviennent amants.

Rappelons que Vatsyayana en la matière n'impose qu'une précaution : que le lieu de la rencontre dispose de plusieurs issues, toutes très accessibles.

Peut-être, compte tenu de l'enjeu, est-il nécessaire de faire un petit résumé qui reprend en accéléré les principales étapes :

« L'homme fait les premiers pas. Il adresse des signaux d'intérêt et s'arrange pour donner un avant-goût des plaisirs et du bonheur qui les attendent. Si la femme réagit à ces préliminaires de façon positive, il entame à fond sa campagne de séduction. Si elle chipote, il peut y retourner, car la femme est inconstante.

Dans le cas où elle trahit ses sentiments dès la première rencontre, il s'en rend forcément compte, il attaque.

Si elle est d'une nature sensuelle, si le seul mot de *volupté* la fait démarrer, quelle que soit sa réaction à ses avances, il attaque.

Et qu'il se souvienne que toute femme qui a l'air d'être touchée par l'idée de l'amour (donc, entre nous, quasiment toutes), qui est sage ou dissipée, fière ou modeste, expansive ou réservée sera forcément sienne un jour. Et pas si lointain. Donc, il attaque. »

Conclure

Peut-être par ce formidable revirement trouvé dans une traduction : le *Kama sutra* donnerait tous ces stratagèmes et subterfuges pour mettre tout le monde en garde : les femmes pour leur montrer à quel point les hommes sont capables de tout pour arriver à leurs fins ; les hommes pour leur enseigner à quel point, s'ils sont prêts au pire, d'autres hommes le sont tout autant qu'eux et pourraient bien avoir des vues sur leur propre femme. Bref, chacune le sien, chacun la sienne, et le mariage sera bien gardé !

BON À SAVOIR

« Si vous savez comment séduire des femmes mariées, vous ne laisserez jamais aucun homme de votre espèce approcher votre propre femme » car, « si un homme a appris grâce au *Kama sutra* comment séduire les femmes des autres, le voilà parfaitement renseigné sur la conduite des siennes ».

Comment mener à bien une rupture ?

Comment rompre ? Car il vous revient aussi de décider, sans passer par la case « adultère », d'aborder la case « rupture ». Le *Kama sutra* divulgue alors aux femmes une tactique, selon lui, tout à fait efficace :

Observer son comportement pour ne pas se tromper de décision

Avant de vous propulser au milieu de nulle part, le *Kama sutra*, en bon médiateur, préfère établir une dernière check-list avant l'envol définitif.

En femme éclairée, vous allez devoir être attentive au comportement de votre amant. Rien n'est à sauver s'il se montre tiède, si vous faites moins l'amour (beaucoup moins ?), s'il rechigne à vous donner de l'argent ou à dépenser pour vous, s'il saute sur le moindre prétexte pour sortir de la maison, s'il se met à multiplier les promesses (sans en tenir aucune), s'il vous emmène moins souvent avec lui aux réceptions où il est invité ou en déplacements, et, en général, s'il commence à changer ses habitudes.

En effet, dit le *Kama sutra*, « quand un homme est très amoureux d'une femme, il a tellement peur qu'elle ne s'amourache d'un autre, qu'il lui donne tout ce qu'elle souhaite et la trouve parfaite en tout point ».

Prendre l'initiative

Si vous vous apercevez de ce genre de changements, avant que l'homme ne se rende compte de quoi que ce soit, ne faites ni une ni deux : rassemblez au plus vite tout ce que vous possédez et trouvez « un faux créancier qui saisira tous vos biens pour se rembourser d'une dette imaginaire ». Dans le but, bien évidemment qu'il fasse main basse sur tout ce que votre futur ex vous a offert et qu'il risquerait de vous demander de lui rendre. Le créancier complice – ça va de soi – vous repasse tout en douce ensuite, moyennant une petite commission pour peines et soins.

KAMA-QUIZ

Si une femme quitte volontairement son mari, elle devra lui rendre ce qu'il lui a donné sauf :

- **les enfants qu'elle aura eus de lui ?**
- **les souvenirs de cœur ?**
- **les biens qu'elle tiendra de ses propres parents ?**

Réponse : les souvenirs de cœur.

En revanche, il est bien précisé que : « Si son mari la répudie, elle pourra tout garder. »

Comment vous débarrasser de lui ?

Le texte qui suit présente un double intérêt : vous pouvez le lire pour apprendre tout ce qu'il faut faire pour qu'il vous déteste, mais aussi pour apprendre tout ce qu'il ne faut pas faire si vous souhaitez qu'il continue de vous aimer. À vous de voir...

Dans la vie de tous les jours

- Faites-lui remarquer à quel point il est antipathique et repoussant. Régulièrement.
- Parlez-lui d'un tas de choses qui ne l'intéressent pas.
- Critiquez-le sans relâche. À propos de tout, de rien.
- Dénigrez les cadeaux qu'il vous fait.
- Moquez-vous de ses faiblesses.
- Faites semblant de ne pas comprendre ce qu'il dit.
- Riez de lui devant lui.
- Riez de tout sauf de ses blagues.
- Demandez-lui tout ce qu'il ne peut pas vous donner.

Dans la vie sociale

- Dites que vous avez des amies à voir quand il vous annonce qu'il va passer la journée avec vous.
- Dites que vous voulez sortir justement le soir où il avait envie d'être tranquillement au chaud avec vous.
- Dans une soirée, fuyez-le.
- Dans un dîner, demandez de façon évidente à ne pas à être assise à côté de lui.

- o Parlez avec les invités en faisant mine de ne pas remarquer sa présence.
- o Interrompez-le quand il commence à raconter quelque chose.
- o Révélez ses défauts aux autres.
- o Moquez-vous de lui devant ses proches – famille ou amis.
- o Devenez amie avec des gens qu'il déteste.
- o Fréquentez ses supérieurs pour qu'il se sente le plus nul possible.

Dans vos rapports amoureux

- o Gardez vos distances.
- o Refusez-vous (sexe et bouche, dit le *Kama sutra*).
- o Ne le laissez pas toucher « la zone de votre corps entre le nombril et les cuisses ».
- o Si c'est impossible d'y échapper, comportez-vous « en bûche ».
- o Au moment de son orgasme, riez, avec un air de dire : « Et c'est tout ? »
- o Repoussez-le s'il veut « vous griffer ou vous mordre ».
- o Évitez toute manifestation de tendresse.
- o Sabotez tous ses élans.
- o Réclamez-lui de faire l'amour s'il vient de vous dire qu'il a sommeil ou, mieux encore, quand il dort.

Là, normalement, il a sa dose. Il se pourrait bien qu'il ait dans l'idée de vous quitter. Qui a dit que c'est toujours l'homme qui s'en va ?

Comment vous comporter ensuite ?

Si l'homme que vous quittez a des gros moyens et s'il s'est toujours convenablement comporté avec vous, vous pouvez continuer à le voir de temps en temps. En ami. Et en manifestant clairement votre détachement.

En revanche, s'il est sans le sou, évitez-le consciencieusement, et si par hasard vous le croisez, faites carrément comme si vous ne le connaissiez pas.

Comment renouer avec un ex ?

Ce qu'il y a de bien avec les vieux sages, c'est que rien jamais n'est joué. Pour peu que, pour une raison ou une autre, bonne ou mauvaise, vous réalisiez qu'au fond vous avez envie de le reprendre (de le reprendre tout court, mais plus encore, par pure méchanceté, de le reprendre à une autre, celle qui vous a succédé), le *Kama sutra* propose également des stratagèmes :

Ne pas faire des efforts pour rien

Pour commencer, un seul conseil, essentiel : avant de vous lancer dans le repêchage, assurez-vous que, bien que vous l'ayez mis sur la paille, il a eu le temps de se refaire et qu'il constitue donc un parti convenable.

Il est également précisé, à toutes fins utiles, qu'il faut aussi qu'il ait conservé pour vous un minimum de sentiment ou d'attirance. Si vous vous êtes réellement comportée comme les vieux sages vous l'ont conseillé, à notre humble avis, ce n'est pas gagné, mais allez savoir...

BON À SAVOIR

Le seul cas où le *Kama sutra* ne conseille pas le raccommodage, c'est si, après vous, il en a aimé une autre et l'a déjà quittée à son tour. Son comportement dénote alors une telle instabilité qu'il vaut mieux ne pas essayer de recoller les morceaux.

Retenter votre chance

Si toutefois il est encore seul, qu'il a encore de l'attirance pour vous, le *Kama sutra* ne se donne même pas la peine de vous conseiller. Il vous fait entièrement confiance pour trouver en vous les ressources nécessaires. En revanche, s'il est recasé, là, le *Kama sutra* sent bien qu'il faut vous apporter un petit soutien. D'abord, ce qu'il faut vous dire, c'est que celle qui lui tient compagnie aujourd'hui n'a peut-être aucune envie de le lâcher. Ce qui ne doit pas vous empêcher de tenter de le reconquérir mais doit vous conduire à inclure ce paramètre dans votre stratégie.

Maintenant qu'il vit avec une autre femme, « vous vous rendez compte que vous vous êtes montrée injuste avec lui ». À vous de faire des efforts pour l'attirer de nouveau. Avant tout, essayez d'avoir une conversation avec lui. Pour vous, lui parler, c'est déjà le début de la victoire.

Remporter le morceau…

Cherchez par tous les moyens à le faire rompre :

- Attirez son attention sur les défauts de la nouvelle élue.
- Semez la discorde, sans ménager votre peine, en recourant sans scrupule à la mauvaise foi.
- Critiquez la nouvelle, soutenez-le dans les disputes qu'il a avec elle.
- Si vous avez des informations sur l'inconstance de votre rivale, dépêchez-vous de les lui révéler.
- Et si vous avez la chance d'apprendre qu'un de ses amis à lui n'est pas indifférent à son charme à elle, empressez-vous de favoriser le rapprochement.

TRUC DE PARESSEUSE

Deux situations un peu atypiques où vous avez tout à gagner à revenir vers un ancien amoureux :

- **si cela peut vous aider à rompre avec celui en cours ;**
- **si cela peut vous aider à vous attacher celui en cours.**

… en lui redonnant confiance

Laissez-lui entendre que vous ne l'avez écarté qu'à la suite des mauvais conseils qui vous ont été donnés. Que, vous, vous n'y songiez qu'à peine, à cette rupture, mais que les autres se sont acharnés. Pas sympas, les autres, vraiment ! Vous ne vous reconnaissez qu'une faute : votre trop grande soumission à leur avis.

Parmi ces autres, choisissez ceux en qui vous pouvez avoir confiance et dont l'image n'est pas trop ternie auprès de lui, et arrangez-vous pour qu'ils lui rappellent les bons moments passés : la façon dont il vous embrassait, dont il vous manifestait son amour, etc.

Conseils pratiques pour faire le bon choix

Imaginez – situation idéale – que vous soyez face à deux hommes possibles en même temps : celui que vous venez de quitter et un prétendant tout neuf que vous venez de rencontrer. Que vous conseille le *Kama sutra* ?

Les Anciens vous recommandent l'ancien prétendant. Pas par parti pris solidaire (!), mais parce qu'ils considèrent que, puisque vous connaissez déjà ses qualités et ses défauts, son caractère et ses comportements, vous saurez mieux vous en accommoder.

Vatsyayana, lui, recommande le nouveau. Parce qu'il pense que l'ancien ne pourra plus vous faire confiance, alors que le nouveau n'est pas encore prévenu contre vous ; qu'il vous accordera donc son crédit sans hésiter et surtout en toute sérénité.

Tous tombent d'accord pour dire que se réconcilier avec un ancien amoureux ne peut s'envisager que si cette alliance peut procurer « agrément, affection et richesse ».

Quelle attitude attendre de votre entourage ?

Voilà, vous venez d'annoncer à tout le monde que c'est fait : vous êtes de nouveau ensemble.

Comment doivent se comporter vos proches ? Ils doivent vous dire qu'au fond, en rompant, vous ne faisiez que vous laisser influencer par les autres. Le *Kama sutra* n'hésite pas à charger la mère « qui a un caractère si épouvantable et qui ne peut pas se retenir de vous conseiller en dépit du bon sens ».

Ils doivent évoquer avec vous tous les bons souvenirs que vous avez ensemble. Ils doivent vous rappeler toutes les preuves d'amour que votre compagnon vous avait données. Tout cela contribuera à vous conforter dans votre nouvelle décision. Et à donner un goût délicieux aux retrouvailles.

Et ensuite ?

Selon le *Kama sutra*, maintenant que vous êtes sûre d'avoir trouvé le bon, vous devez le combler par tous les moyens à votre disposition. Surtout, ne prêtez pas la moindre attention à un autre soupirant ! Et si vraiment vous ne pouvez pas vous en empêcher, acceptez le rendez-vous qu'il vous propose, d'accord, mais sans mettre en danger votre relation actuelle.

DIX FAÇONS DE PASSER AU SUIVANT !

1. Assurez-vous d'abord qu'avec celui-ci, c'est bien fini

Traquez les signes de son désintérêt.

2. Pesez le pour et le contre

Hésiter n'est pas renoncer. Posez-vous toutes les bonnes questions et trouvez les bonnes réponses avant d'agir.

3. Montrez que vous êtes disponible

S'il le faut, jusqu'à passer pour une femme facile !

4. Faites-vous violence

Même si ce n'est pas dans votre nature, sautez le pas, osez envisager cette possibilité.

5. Ciblez vos efforts

Repérez celui qui mérite votre intérêt. Et validez ses intentions.

6. Listez vos raisons

Une fois la liste achevée, si elles sont plus fortes que vos réserves, plongez !

7. Donnez un coup de pouce au destin

Si vous n'arrivez pas toute seule à vos fins, faites-vous aider par une amie. Il y en a qui adorent ça...

8. Encouragez votre soupirant

N'oubliez pas de lui donner quelques signes visibles de votre intérêt pour lui, surtout si vous n'êtes pas libre officiellement. Sans cela, il serait capable de renoncer.

9. Multipliez les occasions de contact

Allez chez les mêmes commerçants, dînez dans les mêmes restaurants, ayez les mêmes amis : tout est bon pour vous rencontrer.

10. Restez prudente

Retenez le seul conseil essentiel de tout le *Kama sutra* : « Veillez à ce que le lieu de la rencontre dispose de plusieurs sorties. » On ne sait jamais...

chapitre 9

Comment pimenter votre vie amoureuse et sexuelle

Comment puiser dans la science et la sagesse indiennes de quoi pimenter votre relation ?

Après tout, pourquoi pas ? Et un aphrodisiaque, un ! Quelques philtres et des extraits savoureux du manuel de la parfaite courtisane. Bref, tout un chapitre pour rire !

Comme vous l'avez compris (ou alors reprenez tout du début), nos érudits indiens étaient à la fois de vrais sages, qui réfléchissaient et tranchaient sur tous les sujets, et de vrais scientifiques, qui élaboraient et testaient toutes les techniques. Moyennant quoi, ils constituent une formidable mine de procédés, recettes, méthodes, secrets et formules pour améliorer le quotidien amoureux.

Comment entrer dans le secret des courtisanes ?

Pour commencer, en véritables experts, les sages se posaient sans scrupule en véritables coaches de courtisanes.

Modérez vos espérances en vous rappelant ce qu'est une courtisane :

Le B.A.-ba d'une courtisane

Une courtisane se met avec un homme dans un double objectif : le premier est d'en tirer du plaisir, le second d'en tirer des revenus.

Si une femme ne se reconnaît pas dans cette double ambition, elle est recalée à son examen de courtisanerie et peut rejoindre le clan des femmes tout court.

Une courtisane de bon niveau observe les hommes qui l'entourent et sélectionne celui qu'elle veut s'attacher dans le but de se faire une vie agréable. Elle le captive, puis s'en débarrasse une fois qu'elle lui a pris tout ce qu'il a.

Cela dit, une courtisane – le *Kama sutra* en convient parfaitement – peut aimer davantage les plaisirs que l'argent. Dans ces conditions, il conseille de relire tout ce qui précède. Pour celles qui préfèrent l'argent au plaisir, une partie entière (sur sept en tout – nous vous le rappelons) leur révèle tout ce qui leur est utile de savoir.

Pour conclure – et c'est essentiel – une courtisane n'a pas le droit de renoncer à l'argent par amour, car l'argent doit de toute façon rester son objectif majeur et sa motivation capitale.

Vous me direz : si elle est capable de prendre un homme, le ruiner, puis le jeter, c'est bien qu'elle doit avoir deux ou trois astuces pour le rendre fou. Nous vous les livrons *in extenso* :

Partir sur de bonnes bases

Si une courtisane agit en bonne professionnelle, tout dans son comportement doit devenir subterfuge. Avant tout, elle doit se comporter comme si elle était folle amoureuse, « car les hommes ne s'attachent qu'à des femmes qui manifestent tous les signes de leur propre attachement ».

Deux mots d'ordre pour être une parfaite courtisane : *simuler, dissimuler*. Faire croire qu'elle aime de façon purement désintéressée en feignant de ne rien attendre en retour. C'est ainsi qu'elle sera comblée dans ses attentes réelles : le rendement financier.

Il est donc – on le comprend – très vivement déconseillé de tenter de soutirer de l'argent d'emblée, car vous seriez alors définitivement grillée, auprès de votre proie immédiate, mais aussi avec tous ses congénères.

Avoir la bonne attitude

Une courtisane doit, dans ses plus beaux vêtements, sortir beaucoup et passer son temps à attirer l'attention sur elle sans pour autant en faire des tonnes. Tout se joue dans le registre de l'allusion et du subtil, recommande le *Kama sutra*. Même si, pour mieux se faire comprendre, il précise « telle une *yoghini* », c'est-à-dire une femme qui initiait aux rites érotiques et par extension passait pour une sorcière. Donc, subtil, d'accord, mais explicite.

Ce manège n'a qu'un but : se faire remarquer. Car – soyons cynique – elle est plus ou moins « une sorte de marchandise exposée en vitrine afin de trouver preneur ».

KAMA-QUIZ

Feriez-vous une bonne courtisane ? Qui (ou que) choisiriez-vous entre :

1. **un homme généreux et un homme attentionné ?**
2. **un homme reconnaissant et un homme ingrat ?**
3. **un ami qui a besoin de vous et un ami qui veut vous sortir ?**
4. **de l'argent facile à gagner et une catastrophe à éviter ?**

Là, nous tombons en pleine polémique entre les vieux sages et notre cher Vatsyayana.

Question 1 : Les Anciens répondent qu'il vaut mieux préférer celui qui est attentionné : il multipliera les attentions. Pas du tout, rétorque Vatsyayana,

car, dès qu'il rend service, il s'imagine qu'on lui est redevable, alors que le généreux oublie ce qu'il a donné.
Question 2 : Les Anciens conseillent l'ingrat, qui ne se formalisera pas des motivations d'une courtisane. Pas du tout, rétorque pour la deuxième fois Vatsyayana, car l'homme ingrat est aussi forcément faux et malhonnête, alors que l'homme reconnaissant saura mesurer les efforts d'une femme pour le satisfaire et l'en récompensera.
Question 3 : Les Anciens choisissent l'ami qui veut sortir, car c'est une occasion de faire des rencontres. Pas du tout, rétorque pour la troisième fois Vatsyayana, parce que les occasions de sortir sont nombreuses et faciles à susciter, alors qu'un ami qu'on n'a pas secouru risque de se fâcher et de faire courir de mauvaises rumeurs sur vous.
Question 4 : Les Anciens répondent ici « l'argent facile », car... c'est de l'argent facile ! Pas du tout, rétorque enfin Vatsyayana : l'argent est une source intarissable, à laquelle on peut aller puiser aussi souvent qu'on veut. En revanche, si la catastrophe n'est pas évitée...

Bien s'entourer

Une bonne courtisane doit bien s'entourer. Elle doit d'abord se garantir le soutien d'alliés pour la sortir des difficultés éventuelles que son activité pourrait susciter : « des policiers, des magistrats, des astrologues, des hommes politiques, des braves, des sages, des hommes d'esprit, des noctambules, des parfumeurs, des cavistes, des blanchisseurs, des coiffeurs... ». Elle doit ensuite fréquenter des milieux qui pullulent d'hommes parfaits, chacun répondant à des critères impératifs et bien définis, que voici :

À propos de sous

L'homme parfait est :

- un homme qui a une grosse fortune ;
- un homme qui tire sa fortune de lui-même ;
- un homme qui est fier de sa fortune.

À propos de place dans la société

L'homme parfait est :

- un homme influent ;
- un homme établi ;
- un homme qui ne tient pas compte de l'avis de ses aînés ;
- un homme fils unique, issu d'une famille riche ;
- un homme rejeté par les siens.

À propos de tempérament (nous vous les mentionnons dans l'ordre)

L'homme parfait est :

- un homme qui aime les rivalités ;
- un homme imbu de lui-même ;
- un homme qui se croit drôle et agréable à vivre ;
- un homme qui adore se vanter ;
- un homme « qui n'a plus de testicules et cherche à se faire passer pour viril » (au sens propre, à l'époque – le conseil peut rester valide, aujourd'hui, au sens figuré...) ;
- un homme qui entre toujours en compétition avec les autres ;

o un homme qui aime jouir de la vie ;

o un homme frustré.

KAMA-QUIZ

Si la courtisane n'agit pas par intérêt mais par amour ou même pour son image, elle choisira suivant d'autres critères. Lesquels selon vous ? (Attention ! 3 intrus se sont cachés...)

- **Un homme intelligent et cultivé**
- **Un homme beau**
- **Un poète**
- **Un homme qui sait raconter les histoires**
- **Un homme bien habillé**
- **Un homme dynamique**
- **Un artiste**
- **Un sportif**
- **Un homme pas jaloux**
- **Un homme qui a bon caractère**

Réponse : les 3 intrus sont « un homme beau », « un homme bien habillé » et « un sportif ». Et si vous voulez tout savoir, le pompon revient à celui « qui est à la fois plein d'énergie, doté d'un talent artistique indéniable, généreux, patient, serein, mondain, en bonne santé, sans imperfection physique particulière, non buveur, bon amant, aimant les femmes mais sachant comment ne pas en devenir le jouet et affichant des revenus personnels consistants ».

Être digne de sa fonction

Vous y voyez un peu plus clair sur celui qu'il convient de traquer. Mais vous dans tout ça ? Attention ! si vous ne correspondez pas, trait pour trait, à ce portrait, vous êtes une véritable « calamité » :

Ce que vous devez être

- Belle
- Jeune
- Bien faite
- Charmante (« ensorceleuse », dans une autre traduction...)
- Dévouée
- Attentive
- Avide (financièrement s'entend...)
- Avide (sexuellement également)
- Distinguée
- Sociable

Ce que vous ne devez pas être

- Médisante
- Persifleuse
- Coléreuse
- Vaniteuse
- Rapiat

BON À SAVOIR

Parmi les qualités indispensables à une bonne courtisane, il y a le savoir-vivre. Le *Kama sutra* se met en devoir de préciser à ce sujet : « Il ne faut jamais éclater de rire. Ce serait une faute impardonnable. »
La preuve est donc faite qu'elles ne devaient pas se marrer tous les jours, les courtisanes.

Réussir son approche

Avant tout et une fois de plus, ne cédez pas trop vite aux sollicitations d'un homme, même si le but est de le faire tourner ensuite en bourrique et de lui faire les poches. Pourquoi ? Encore pareil : « Un homme finit toujours par mépriser ce qu'il a trop facilement obtenu. » Ce ne serait donc pas très commerçant.

Puis, une fois qu'on a un contact un peu fiable, on envoie quelqu'un vérifier les intentions du candidat. Sincère ou pas ? Très amoureux ou juste séduit ? Et surtout, généreux ou cupide ?

Si le premier examen est satisfaisant, on l'invite chez soi, on l'embobine par un discours troublant, une attitude fascinante, on lui remet un cadeau original pour exciter sa curiosité, et on lui en envoie un autre quelques jours après pour la ranimer.

CANDIDAT GÉNÉREUX OU CANDIDAT AMOUREUX ?

Les Anciens, fidèles à leur logique, pensent qu'il vaut mieux choisir le candidat généreux. Mais Vatsyayana, qui décidément est souvent en rupture avec eux et beaucoup plus retors en réalité, soutient, lui, qu'il faut retenir le candidat amoureux. Un résidu de romantisme ? Hélas ! nous en sommes loin. C'est nettement plus cynique ; selon lui, s'il est amoureux, il peut devenir généreux avec le temps : « Un homme qui devient passionné, même s'il est radin de nature, finit par donner tout son argent quand il est fou d'amour. Alors qu'un homme qui n'est pas amoureux risque un jour de se lasser et d'aller voir ailleurs. »

Le tenir…

L'affaire est entendue. Vous l'avez charmé. La preuve : vous vivez ensemble. Ne vous reposez cependant pas sur vos lauriers. Le conquérir, c'est bien, mais c'est sur la durée qu'on juge les talents d'une courtisane.

Au lit, montrez-vous admirative vis-à-vis de ses performances. Et surtout, ne montrez pas que vous avez plus d'expérience que lui. Utilisez les techniques qu'il aime. Caressez tout ce qu'il demande. Prenez-le dans vos bras. Embrassez-le pendant qu'il dort. Et ne vous refusez jamais.

Gardez ses secrets, faites semblant de lui confier les vôtres, et dissimulez toute hostilité.

TRUC DE PARESSEUSE

Comment montrer (ou faire croire) à un homme qu'on est éprise de lui ? « Utilisez ce dont il s'est servi, finissez ce qu'il est en train de manger. » Bref, enfilez la chemise qu'il a laissé traîner sur le dossier de la chaise et picorez dans son assiette.

... le retenir...

Dans la vie de tous les jours, paraissez fidèle, même si ce n'est qu'en paroles.

Conformez votre comportement au sien : montrez-vous inquiète s'il est songeur, désolée de ce qui l'irrite, réjouissez-vous de ce qui l'enchante, soyez joyeuse s'il est joyeux, triste s'il est triste, aimez ceux qu'il aime, détestez ceux qu'il déteste, ne lui causez pas la moindre peine, pas la moindre déception.

S'il semble vous négliger, faites-en la remarque, mais sans vous plaindre. Fâchez-vous si nécessaire, mais ne boudez jamais. Écoutez quand il se vante, encouragez-le à en rajouter si possible. Et si vous êtes un jour de mauvaise humeur, dites que vous êtes souffrante ou déprimée, mais en précisant qu'il n'y est pour rien.

CONSEILS POUR PARAÎTRE FIDÈLE

- Comment paraître fidèle quand on ne l'est pas ? En utilisant un alibi : votre mère, suggère le *Kama sutra* ! Et si vous n'en avez pas – ce qui est vraiment fâcheux – (et c'est toujours le *Kama sutra* qui parle), demandez à quelqu'un d'en jouer le rôle. Que cette personne se présente chez vous. Vous aurez pris soin de décrire son caractère au préalable : radine, acariâtre, venimeuse. Elle arrive donc, de mauvaise humeur, elle insulte votre compagnon et le maltraite. Puis, l'ayant désarmé par tant de méchanceté, elle vous sort de chez lui de force. Vous prétendez être désolée, mais assurez que vous vous sentez incapable de résister aux exigences de cette femme que vous respectez malgré tout. Et voilà ! À vous les sorties discrètes avec un autre amoureux !
- Plan B : si votre mère ou celle qui joue son rôle n'est pas disponible (peut-être occupée à servir d'alibi à l'une de vos amies ?), prétendez qu'un ami est souffrant et que vous devez lui rendre visite, malgré votre aversion pour lui. N'oubliez surtout pas : « malgré votre aversion pour lui ».

... et le contenir

Pour éviter qu'il n'aille voir ailleurs, s'il est question de faire l'amour avec lui, allez le retrouver n'importe où, sans vous laisser dissuader par le froid, le vent ou la pluie.

Touchez-lui le front, semblez chavirée quand il vous caresse, endormez-vous apparemment sereine sur ses genoux. S'il arbore des marques « de griffures ou de morsures » que vous lui avez faites, feignez de le soupçonner de tromperie et d'être jalouse.

Approuvez tout ce qu'il dit, à moins qu'il n'évoque d'autres femmes. Mais ne parlez jamais en bien d'un autre homme que lui.

Petit détail : dans le *Kama sutra*, pour se faire bien voir, il est question également de demander à connaître et à rencontrer ses épouses. Pas sûr qu'on puisse faire quelque chose de ce conseil de nos jours.

Et si vous souhaitez vous l'attacher à vie, vantez vous-même ses qualités, gardez tout ce qu'il vous offre, rendez hommage à sa famille, accompagnez-le dans ses rites religieux, dites-lui que vous voulez un fils de lui, que vous ne lui survivrez pas s'il lui arrivait quelque chose, promettez-lui de le suivre s'il est muté ailleurs, ne discutez jamais d'argent. Et vérifiez si vous avez rempli votre contrat : « On peut dire d'un homme qu'il est attaché à une femme (une courtisane) quand il l'aime comme il respire, quand il abandonne toute méfiance, et qu'il donne de l'argent sans compter, sans rien en attendre en retour. »

Le défi est rude !

KAMA-QUIZ

Voici 3 *shloka* (sortes de proverbes qui ponctuent le *Kama sutra*), dont un qu'on vient d'inventer à l'instant. Lequel ?

1. « S'il est impossible de comprendre quelque chose à l'amour des femmes, c'est bien sûr parce qu'il est subtil et mystérieux en soi, mais surtout parce qu'elles sont cupides et qu'elles agissent plus en suivant leur instinct que leur raison. »

2. « Les femmes qui parviennent à contrôler leurs humeurs ont toutes les chances de mener l'homme qu'elle désire au point où elles désirent. »

3. « Les femmes sont de toute façon une énigme : qu'elles aiment un homme ou qu'elles le quittent, qu'elles l'entraînent vers le plaisir ou à sa perte. »
Réponse : le deuxième.

Comment mener à bien votre entreprise ?

Dernier détail, mais qui a son importance : vous n'avez pas fait tout ça pour rien.

Il s'agit maintenant de lui soutirer un maximum d'argent. Les vieux sages disent que, si une courtisane, sans utiliser le moindre subterfuge, reçoit assez pour subvenir à ses besoins, elle doit s'en tenir là. Mais Vatsyayana n'est pas d'accord : si déjà elle reçoit tout ça sans effort, imaginez ce qu'elle peut obtenir en se donnant un peu de peine ! Selon lui, on peut pratiquement se faire le double ! Alors pourquoi se priver ?

Doubler votre rapport

À partir de là, tous les coups sont permis : lui présenter de fausses factures, mentir sur ce que vous avez dépensé pour une fête qu'il avait suggérée, lui faire payer ce que vous avez obtenu des autres pour rien ou par votre charme, vous appesantir sur la fortune d'un de ses amis, dire que vous êtes sous l'emprise d'un maître chanteur, vendre des bijoux qu'il vous a offerts en prétendant que vous n'aviez pas les moyens de faire autrement, faire valoir le train de vie d'une de vos amies, faire courir la rumeur qu'il est d'une pingrerie redoutable... La liste n'est pas close.

BON À SAVOIR

Vatsyayana soutient qu'une femme doit se défier de tout ce qu'on lui donne à part l'or, parce que l'or est facile à transporter, facile à négocier, et qu'avec lui on peut tout acheter :
« Or, argent, cuivre, ustensiles de cuisine, vaisselle, vases, meubles, lits, tapis, tapisseries, vêtements, sous-vêtements, parfums, onguents, huiles, farine, céréales, bêtes et bestiaux, quoi que l'on vous propose, il faut toujours choisir l'or. »

Modérer vos ambitions

De l'argent, oui, mais pas systématiquement en grosse quantité. Ainsi, le *Kama sutra* se montre très compréhensif et moins exigeant :

- si elle désire qu'il n'en cherche pas d'autre ;
- si elle veut l'empêcher d'avoir une liaison avec une autre courtisane et la priver ainsi, méchamment, de ses gains ;
- si elle pressent qu'en restant avec lui, elle finira par s'assurer une situation stable et se garantira à terme des revenus importants ;
- si elle veut pouvoir compter sur son aide en cas de malheur ;
- si elle compte sur lui tout de suite pour causer des ennuis à quelqu'un d'autre ;
- enfin, si son seul motif pour être avec lui est le plaisir, si elle l'aime d'amour, et ne veut pas le quitter.

Se dépêcher d'en profiter

À l'opposé, il existe des cas où il convient d'agir vite, bien, fort :

- si elle voit venir les ennuis ;
- si elle veut se venger ;
- si elle se prépare à l'abandonner au profit d'un autre ;
- si elle le suspecte de s'apprêter à l'abandonner au profit d'une autre ;
- si elle le suspecte de s'apprêter à l'abandonner pour retourner avec sa femme légitime ;
- s'il est au bord du dépôt de bilan ;
- si elle apprend que sa famille intrigue pour le récupérer ;
- s'il est sur le point de se faire licencier ;
- s'il est de nature volage.

Aller jusqu'à se faire épouser

Enfin, elle peut choisir de se faire épouser :

- si elle entend dire qu'il obtient une énorme promotion ;
- s'il reçoit un très gros héritage ;
- si elle observe qu'il lui est fidèle ;
- si elle cherche à assurer son propre avenir ;
- ou « s'il attend l'arrivée à quai d'un bateau de sa propre compagnie, plein de marchandises diverses, ou qu'il détient un très gros silo de céréales ».

Comment l'ensorceler ?

Si tous les moyens qu'on a donnés jusqu'à présent ne suffisent pas, c'est désolant, mais on ne voit plus qu'une chose : recourir à la magie. Et là, déception ! on se rend compte que la majorité des recettes des vieux sages sont destinées aux hommes. Alors on fait avec. En adaptant à peine...

Recettes pour paraître plus belle

Les yeux

Préparer un onguent avec des feuilles de café. Faire cuire, réduire en poudre et s'enduire le tour des yeux (ça fait un peu l'effet du khôl).

Le corps

Mélanger des feuilles d'amarante et de lotus, les faire macérer dans de l'huile de sésame, puis se frictionner le corps avec. Pareil si on prend juste les plantes, qu'on les tresse, et qu'on s'en enroule des pieds à la tête.

Les cheveux

Pour faire repousser les cheveux, prendre une lotion huileuse avec, macérées dedans, des racines de *madayantaka* et d'*anjanika*.

Pour les foncer, utiliser les mêmes plantes, mais bouillies dans de l'eau.

Et pour les blondir, « par coquetterie », fabriquer un onguent avec des fruits de myrobolan macérés dans du jus d'euphorbe.

La laque rouge, à base d'*alakta*, qui sert à colorer les lèvres en rouge, se transforme en colorant blanc si on se contente de la plonger dans la sueur de testicules d'un cheval blanc.

Recettes pour rajeunir

Pour redevenir jeune et retrouver la forme, manger une boule de mélasse. Telle quelle !

Recettes pour paraître plus aimable

Mélanger du lotus bleu et du lotus rose. Faire longuement sécher au soleil. Broyer en une fine poudre, ajouter du beurre clarifié et du miel. C'est prêt ! Manger.

Ou bien on fait tout pareil et puis on ajoute du laurier.

On peut aussi porter à la main droite un os de paon ou d'hyène recouvert d'or.

Ça marche aussi avec un bracelet de graines de jujube ou de coquillages, mais si l'on a pris soin de les transformer en talisman avec des formules magiques de l'*Atharvaveda*.

Recettes pour se montrer plus ardente

Mélanger de la poudre de corne de rhinocéros et de la mangue dans de l'huile de noisette. Y ajouter un peu de graines de cachoutier. Placer le tout dans le trou d'un tronc d'arbre pendant six mois. Lorsque cette crème se met à sentir la fleur, il est temps de s'en frictionner.

Comment faire soi-même son aphrodisiaque ?

Ces recettes sont destinées en priorité aux hommes, pour leur permettre de mieux tenir le coup et de se montrer d'une vigueur exemplaire. Mais rien ne vous empêche d'en profiter aussi. Et surtout de lui faire la surprise en les préparant vous-même. Vous pourrez même lui dire, avec une certaine fierté : « C'est moi qui l'ai fait. »

Recettes pour augmenter le désir

Pas forcément les performances (des recettes en double mixte donc).

- Mélanger du beurre clarifié, du miel, du sucre, de la réglisse, du lait, de la gentiane.

Non seulement aphrodisiaque mais élixir de longue vie, ce nectar est à consommer tous les jours à raison d'une cuillerée.

- Cuire ensemble des asperges, de la mélasse, de la réglisse, du poivre, du beurre et du lait. Prendre cette mixture au petit-déjeuner à la sixième pleine lune.
- Faire bouillir ensemble asperge, *shvadamstra* et *shriparni*. Filtrer et boire au petit-déjeuner aussi à la sixième pleine lune.
- Mélanger en parts égales fleur de farine d'orge et *shvadamstra*. En prendre une dose de deux *pala* tous les matins (à environ 32 g la *pala*, on va dire : autour de 65 g).
- À appliquer sur les yeux : calciner un os de chameau, mettre les cendres recueillies dans un os de chameau, trouver un os de

chameau plus petit (de la taille d'une tige) pour le passer sur les yeux.

À noter : la même chose avec des os d'aigle et de vautour marche aussi bien. Nous voilà sorties d'affaire !

Recettes pour le rendre plus vigoureux

- Boire du lait assaisonné de poivre, de sucre candi et de racine de réglisse.
- Boire du lait sucré dans lequel on a fait bouillir un testicule de bélier. Miam !
- Boire du lait mélangé à de la patate douce, avec aussi un peu de *svayamgupta* et de *ksirika* (oui, on sait, c'est frustrant, mais nous non plus on ne sait pas ce que c'est, et nous aussi ça nous embête beaucoup).

Est-ce que ça vous aide si l'on vous dit qu'on peut faire la même chose – lait et patate douce – en ajoutant une feuille de *prilaya* et une graine de *morata* ?

Recettes pour lui permettre de satisfaire autant de femmes qu'il veut

À la suite, bien sûr. Notez bien que rien ne vous force à garder ces recettes. Vous pouvez très bien déchirer la page ou raturer le tout.

- Dans du lait, mettre du riz et des haricots écrasés, du beurre clarifié. Faire cuire très longuement (le but du jeu est de transférer à la préparation toute l'énergie du lait de vache). Ajouter du miel et consommer à volonté. Oui, on a dit « à volonté ».

- Faire cuire dans du lait du sucre, du miel, du beurre, de la farine de froment, des lentilles. Boire ce breuvage.
- Faire cuire des œufs de moineaux dans de l'eau de riz, dans laquelle on aura fait fondre du miel et du beurre. Boire.
- Faire un gâteau avec des œufs de moineaux, des graines de sésame, de la farine de froment, du lait, du sucre, du beurre. Cuire à feu moyen. Partager en autant de parts qu'on veut. Oui, vous avez bien lu, en autant de parts qu'il veut !

Comment l'aider à vous satisfaire ?

Là, il ne s'agit plus d'aphrodisiaques oraux, mais carrément de traitements et accessoires locaux. À manipuler avec précaution... Et seulement pour rire.

Recettes pour se faire un *linga* de compétition

Pour qu'un homme soumette une femme à ses désirs, tellement son *linga* est irrésistible, il lui suffit de :

- le badigeonner avec un mélange de poivre et de miel ;
- le badigeonner avec un onguent préparé à partir des restes de fleurs d'offrandes jetées sur un mort pendant des funérailles, mélangées avec un peu de poudre d'os de paon ;
- le badigeonner avec un onguent préparé à base de miel, avec des restes d'un milan mort de mort naturelle et de l'ortie ;

- le baigner dans cette préparation : faire cuire à feu doux des graines de grenadier et de concombre, avec une once de *valuka* et une pointe de *brahti* ;
- le badigeonner avec un onguent préparé à base de miel, avec de la corne de rhinocéros en poudre et du soufre (faire sécher sept fois) ;
- le même, mais qu'on fait brûler pendant la nuit : si, derrière la fumée, on voit la lune dorée, c'est que le prétendant va réussir à séduire la femme qu'il convoite (vous, on espère !).

Si votre partenaire rêve d'un *linga* de compétition mais rechigne un peu à l'idée de répéter chaque fois la même opération, il peut très bien se tailler un *linga* à sa mesure en recourant aux vertus urticantes de l'insecte appelé *sashasyana*.

- Pendant dix nuits de suite, il se frictionne le *linga* avec la substance urticante de cet insecte. Il s'apaise par application d'huile de sésame.
- À force d'être maltraité, son *linga*, forcément, enfle.

À tel point qu'il va falloir pendant quelques petites semaines qu'il envisage de dormir à plat ventre dans un lit suspendu, dans lequel il aura ménagé un trou où pourra pendre son membre tuméfié.

Vient le moment où il faut bien passer à des infusions très froides de plantes adoucissantes. Pour calmer le tout.

- Reste cependant l'effet très satisfaisant de « l'enflure urticante », comme l'appelaient nos chers et vénérés vieux sages.
- Pour un effet du même genre, mais qui dure seulement un mois (on croirait parler de collagène et de Botox®...), on se frotte le *linga*

avec du beurre de bufflonne dans lequel on a versé deux *pala* de plante urticante.

Bonne chance !

Recettes pour s'aménager un *linga* de compétition

Là, nous passons donc aux accessoires. Non pas encore substitutifs mais complétifs.

Bahula

C'est un anneau, qui augmente le diamètre ; il est lisse dedans, muni d'aspérités dehors.

Samghati

C'est un anneau, pareil qu'au-dessus mais double (on l'appelle « le couple »).

Cudaka

Il s'agit de plusieurs anneaux, pareils qu'au-dessus, qui vont jusqu'à couvrir toute la longueur du *linga*.

Eka

On enroule autour du *linga* ce bracelet en forme de serpent.

Si on veut éviter d'en arriver aux accessoires, dans le cas d'une femme éléphante, le *Kama sutra* propose de faire monter le désir en frottant vigoureusement et longuement le *yoni* et de ne passer à l'acte qu'après.

Recettes pour s'offrir un *linga* de compétition

Et là, nous en venons aux accessoires en vente libre dans toutes les bonnes maisons (et chez les primeurs de votre quartier !). À utiliser à la place ou en alternance avec son propre *linga*.

Jalaka

C'est un tube rigide, comme un fourreau, avec des petites perles autour. À fixer aux hanches par un cordon.

Alabu

C'est tout simplement une courge ou une tige de bambou lubrifiée à l'huile de sésame. À fixer également aux hanches avec un cordon.

BON À SAVOIR

Vatsyayana rappelle que les objets de substitution peuvent être en or, en autres métaux, en ivoire, mais aussi en bois du moment qu'on le polit parfaitement.

Comment le repousser ?

Hyperpragmatique, le *Kama sutra* sait bien que les migraines peuvent vous tomber dessus sans prévenir. Comment alors le repousser ?

- Baignez-vous dans du lait de bufflonne où vous aurez versé de la poudre de *gopalika* et de *jivika*.

- Ou bien portez une guirlande de fleurs *kadamba* tressée avec quelques brins de pomme-rose et de prunier.

Ça marche aussi si vous préparez un onguent avec et que vous vous en tartinez.

Et si vous ne pouvez plus le voir ?

Vous ne pouvez plus le voir et il continue de vous poursuivre de ses assiduités ? Soufflez-lui ce moyen pour l'aider à se dégager du désir qui le ronge :

Dans un récipient en or, mélanger les fruits et la sève de pomme-rose, de la *soma*, de la poudre *d'avalguja*, et des feuilles de *lohapa-jihvika*.

Enduire votre *yoni* avec, juste avant le prochain rapport sexuel avec lui, et, ouste ! il sera libéré de son attirance pour vous.

Oui, il faut quand même céder encore une fois. Mais bon : après, vous serez définitivement débarrassée.

Recettes « spécial paresseuses »

Pour terminer ce chapitre, voici deux recettes dédiées à toutes les paresseuses, toutes les autres, et tous leurs amis :

- Pour être beau et riche, donnez un morceau de résine d'épicéa à manger à un paon et enduisez-vous ensuite les mains de sa fiente.
- Pour avoir gloire et longue vie, buvez le lait d'une vache blanche, qui allaite un veau blanc.

Et le dernier mot est laissé à Vatsyayana :

« Ce livre a été écrit pour le bonheur des hommes et pas pour la seule satisfaction de leurs désirs. »

Pareil pour moi. J'ajoute juste « les femmes ».

10 FAÇONS INSOLITES D'INDIQUER LA NATURE DE VOTRE AMOUR

1. Offrez-lui de la noix de bétel et du cachou

Seulement si vous l'aimez, placez dans un morceau d'étoffe noix de bétel et cachou. Ce petit paquet symbolique sera bien plus efficace que le plus explicite des mails. Pour peu qu'il en connaisse le code...

2. Allez plus loin

Vous l'aimez passionnément ? Empaquetez noix de muscade, cardamome et clou de girofle.

3. Ou stoppez net la relation

Vous voulez rompre ? Adressez-lui un morceau de corail.

4. Mettez-y des formes

Vous voulez rompre, mais la liaison dure depuis longtemps et vous ne savez pas trop comment vous y prendre ? Vous êtes bonne pour deux morceaux de corail...

5. Soyez explicite

Vous le désirez intensément ? Offrez-lui un objet en bambou.

6. Voire efficace

Vous le voulez là, tout de suite : donnez-lui une grappe de raisin...

7. Laissez tomber toute retenue

Vous souhaitez lui faire comprendre que vous êtes toute à lui ? Mieux vaut pour vous avoir une branche de cotonnier sous la main.

8. Engagez-vous

Vous voulez lui faire passer le message suivant : « Je te donne ma vie » ? Pensez au cumin, pardi !

9. Montrez-lui qu'il ne doit pas pour autant se relâcher

Pour lui faire comprendre qu'il doit se reprendre, débrouillez-vous pour lui faire passer une branche de pommier.

10. Rassurez-le

Pour lui dire : « Rien à craindre de moi ! », recourez au turmeric (plus communément appelé « curcuma »).

chapitre 10

Petit glossaire du *Kama sutra*

Comment passer pour une bilingue en *Kama sutra* ?

Arts (*pithamarda*)

Nous parlons ici des « soixante-quatre arts ». Comme vous l'avez forcément compris, toute femme digne de ce nom, et quelle que soit sa caste, était censée connaître sur le bout des doigts les soixante-quatre arts. On les a souvent évoqués, mais jamais intégralement listés. Les voici, dans leur traduction la plus littérale [1] :

1) Le chant

2) La musique instrumentale

3) La danse

4) La peinture

5) La calligraphie et le découpage de silhouettes

6) La parure à l'aide de grains de riz et de fleurs

7) L'arrangement floral

---

1. La meilleure traduction des *Kama sutra*, la plus mot à mot, la plus fidèle, la plus authentique, la plus littérale (pas la plus rock and roll, d'accord, mais ce n'est pas le sujet,) et surtout la plus complète, est sans conteste celle de Jean Papin. Un érudit qui parle apparemment couramment le sanskrit et qui s'est également attaqué à la traduction des aphorismes d'un certain Patanjali, et même, sans doute parce qu'il avait un peu de temps libre, à un ouvrage magistral sur le tantrisme. C'est un véritable monument, surtout face à toutes ces éditions fantaisistes, qui tiennent plus de l'interprétation approximative des sutras qu'à une traduction et ressemblent à de longues digressions un peu complaisantes sur l'érotisme.

8) La coloration des dents, des ongles ; le tatouage des membres
9) La mosaïque des sols
10) La disposition des lits et des tapis
11) L'art des coupes à eaux musicales
12) Les jeux d'eau
13) La décoration picturale
14) La confection de colliers et de guirlandes
15) La fabrication de turbans et de diadèmes
16) Les représentations théâtrales, la mise en scène
17) La fabrication d'ornements d'oreilles
18) La préparation des parfums
19) La confection des parures vestimentaires
20) Les tours de magie
21) La distinction et l'élégance
22) L'élégance des gestes
23) La préparation de la nourriture végétarienne
24) La préparation des boissons et jus de fruits
25) La couture
26) Le macramé
27) L'art du luth
28) Le jeu des vers qui s'enchaînent
29) L'imitation
30) L'habileté à prononcer des mots et des phrases difficiles

31) La lecture et la déclamation

32) Le mime

33) La composition poétique

34) La dialectique

35) La menuiserie et la sculpture

36) L'architecture

37) La minéralogie

38) La numismatique

39) L'alchimie

40) La coloration des bijoux

41) La connaissance de la médecine ayurvédique

42) Les combats de coq et de bélier

43) L'art d'apprendre à parler aux perroquets et aux mainates

44) L'application d'onguents, le massage, les frictions et les soins de la chevelure

45) L'art des mots et écritures diverses

46) La connaissance des langues étrangères

47) La connaissance des dialectes

48) La fabrication des chars fleuris

49) L'interprétation des présages

50) L'exercice des diagrammes et autres signes magiques

51) La maîtrise des formules magiques

52) Les jeux de mots et de phrases à transformation

53) L'improvisation orale de poèmes

54) L'art des déguisements
55) L'art de changer l'apparence des choses
56) Les jeux d'adresse
57) Les beaux-arts
58) L'entretien des vêtements
59) Les jeux de hasard
60) Les jeux de dés
61) Les jeux d'enfants
62) Les bons usages
63) La stratégie militaire
64) La gymnastique

Auparistaka (fellation)

Ou plus précisément les rapports bucco-génitaux de toutes sortes. Simplement la fellation – ou plutôt « la succion du membre masculin » – est largement plus souvent évoquée dans le *Kama sutra* que son équivalent féminin.

Ayurveda (médecine traditionnelle indienne)

Ayurveda est le nom du traité de médecine qui consigne, tout simplement, les règles de médecine traditionnelle indienne dans ses fondements les plus immuables. L'ensemble des recettes de magie contenues dans le *Kama sutra* sont du reste clairement empruntées à cette médecine.

Bétel (*tambula*)

Le bétel est une sorte de poivrier grimpant originaire de l'Inde. On en chique la feuille, qui suinte un jus rouge qui colore la bouche et fait paraître les dents très blanches. Sa noix se mâche longuement pour en tirer des vertus hallucinatoires.

Utilisée aussi bien en médecine ayurvédique que dans le cadre d'une vie en société de bon aloi, elle constituait un présent de choix : des hommes vis-à-vis des jeunes filles briguées ou des femmes adultères convoitées, des courtisanes vers les candidats poursuivis, et entre gens de bonne société en général.

Castes (*varna*)

Les castes sont un système essentiel à la compréhension de l'Inde. Même si elles sont aujourd'hui officiellement abolies, impossible de s'en affranchir. Ces divisions sont ancestrales, héréditaires et apparemment immuables, puisque, aujourd'hui encore, aucun réformateur, même de la meilleure volonté, n'est parvenu à en venir à bout. Sans doute parce que les Indiens y sont encore très attachés et en sont très fiers.

Il en existe quatre essentielles. Mais on en dénombre autour de deux mille, avec castes, sous-castes et autres subdivisions, sans compter les hors-castes et même les hors-castes des hors-castes...

1) Les brahmanes, *brahmana*, qui sont les érudits, sont liés au *dharma* (« le devoir, la loi, la contrainte religieuse, l'ordre du monde »). Ils sont chargés de l'enseignement, de la transmission de la morale, du savoir, du culte, et aussi de la cuisine, puisque la nourriture fait partie du rite.

2) Les guerriers, *ksatriya*. Les rois, les seigneurs appartiennent à cette caste. Ils sont en charge de l'ordre public, la justice, la défense.

3) Les commerçants, *vaishya*, qui sont liés à l'*artha* (« le but, la cause, la propriété, les possessions matérielles, la prospérité »). Ce sont en effet les commerçants, les négociants, les financiers, tous ceux qui ont à voir avec le profit.

4) Les artisans, *shudra*, qui regroupent tous les travailleurs au service des trois castes supérieures : artisans, donc, mais aussi serviteurs, agriculteurs.

Les hors-castes, constitués d'une population nombreuse, hétérogène et bigarrée, réunissent ceux qui ont un métier impur (éboueurs, bouchers, etc.) et tous ceux qui n'entrent pas dans les autres castes, à l'exception des étrangers, qui viennent, eux, encore après.

Pour un Indien, l'exclusion de la caste, quelle qu'elle soit, est le pire destin qui puisse lui arriver, car il est alors « déchu de sa caste » et ne peut plus compter sur la solidarité de ses congénères.

Cumbana (baiser)

Juste pour info, vient de *cumb*, qui signifie « effleurer ».

Eunuques (*trtiya-prakrti*, littéralement « troisième genre »)

Les eunuques appartenaient au troisième « état », le masculin constituant le premier et le féminin le deuxième. Les eunuques n'étaient pas, en Inde, les gardiens du harem. Cette fonction n'est venue que plus tard et plutôt en Orient.

Les eunuques avaient l'apparence et les atours de femmes, étaient des « travestis ». Ils étaient le plus souvent prostitués, et c'est eux, donc, qui dispensaient le fameux *auparistaka*, « la fellation », pratique globalement déconseillée aux femmes.

Ils se groupaient en communauté sous l'autorité d'un *guru*, leur « chef spirituel » (c'est ça, un gourou !). Ils étaient très religieux, très mystiques, pour, dit-on, supporter leur vie pas très facile et rarement souhaitée.

En fait, pour la majorité d'entre eux, encore enfants, ils étaient volés à leur famille et emmenés de force, pour être ensuite émasculés. Mais leur *guru* ne se contentait pas, comme c'est généralement le cas pour les eunuques, de leur trancher d'un coup net les testicules. La verge aussi était amputée. Le tout se déroulant dans une sorte de rite incantatoire et barbare, et après qu'on les avait bourrés d'assez de noix de bétel pour qu'ils soient plus ou moins dans les vapes. On attendait ensuite qu'ils cicatrisent ou qu'ils meurent. S'ils résistaient à cette furieuse ablation, ils étaient intronisés dans la communauté.

Marginalisés, rejetés, redoutés, on les supposait doués d'un pouvoir, maléfique ou bénéfique selon les circonstances, pouvoir lié au sacrifice de leur virilité. Ils profitaient donc de leur réputation pour monnayer leur protection ou leur malédiction.

Le pire de tout, c'est que rien n'a foncièrement changé aujourd'hui, malgré l'interdiction de ces pratiques dans l'Inde actuelle. Au début des années 2000, on comptait encore une centaine de milliers d'eunuques. Et on pouvait en croiser dans les rues de Bombay ou de Delhi, avec leur physique étrange, leur air perdu et leur attitude ambiguë. Issus des castes les plus basses, des milieux les plus pauvres, leur situation est, paraît-il, pire encore qu'à l'époque de

Vatsyayana. La séparation d'avec la famille est peut-être moins sauvage, l'ablation est peut-être moins violente, mais leur condition demeure aussi détestable.

Jaghana (fesses)

Le postérieur, la croupe, le derrière, pour être plus précise : la partie entre le ventre et les cuisses, devant et derrière, en un mot « le cul », compris comme « le sexe ». Comme en français, avec la même ambiguïté que dans l'expression « des histoires de cul ».

Kama (amour)

Désir, objet de désir.

Linga (pénis)

Le terme signifie, paraît-il, au départ « marque, attribut ». On voit bien comment il a fini par désigner le sexe masculin. C'est le pénis en érection. Dans certaines traductions, on lit *lingam* – ce qui prête à confusion. En fait, il s'agit alors du même mot mais décliné à l'accusatif (ah !).

Mantra (formule sacrée)

C'est une formule définie, avec des mots ou des phrases dont on ne comprend pas forcément le sens, mais qui possède un pouvoir caché. Il est admis que le pouvoir est nul si on n'a pas été initiée au préalable.

Shastra (enseignement)

Ordre, loi, théorie.

Shloka (proverbe)

Ce mot masculin signifie, un peu comme le mot *sutra*, « proverbe » ou « aphorisme ». Avec une différence d'importance : le *sutra* est une règle, le *shloka* est une affirmation de bon sens. Il peut s'agir de l'extrait d'un texte religieux, mais aussi plus simplement d'un dicton populaire qu'on cite volontiers et que tout un chacun connaît. Les 2 200 *sutras* du *Kama sutra* sont en fait truffés de ces *shloka*, qui ont pour but à la fois d'animer le texte et de mettre tout le monde d'accord.

Dans le texte original, leur forme s'apparente un peu aux *haïku* japonais.

En voici quelques-uns à vous mettre sous la dent :

- « Généralement, les femmes mariées à des hommes riches et indépendants ne leur accordent guère confiance, et bien qu'elles jouissent d'excellentes conditions de vie, elles recherchent des aventures sexuelles en dehors. »
- « N'est pas digne d'accéder au mariage celui qui a l'habitude de s'absenter trop longtemps pour des voyages à l'étranger. »
- « Une épouse délaissée s'exercera à découvrir et à analyser les traits de caractère et les faiblesses de son mari pour les utiliser à son avantage. »
- « Les mariages et les relations sociales doivent avoir lieu entre pairs, jamais avec des vassaux ou des supérieurs. »

- « Même s'il est pauvre et insignifiant, mieux vaut un époux docile et maître de lui qu'un mari de très grand mérite qui possède de nombreuses femmes. »
- « Le meilleur des maris reste celui qui possède toutes les qualités que sa femme a pu souhaiter. C'est le seigneur de l'amour. »

Sutra (devise)

Nom générique des traités de philosophie, de grammaire, et autres règles de vie.

Tantra (le tantrisme)

La racine *tan* signifie « prolonger ». Elle se réfère, à l'origine, à des textes qui « prolongent » la connaissance. Le terme *tantrisme* désigne un mouvement philosophique et religieux né autour du IIe siècle, qui enseigne que toute la création se retrouve en l'homme sous la forme d'une énergie enroulée. Il s'agit littéralement d'apprendre à dérouler cette énergie, notamment en s'aidant de la sexualité.

Le tantrisme se proposait de donner les clés pour parvenir au plaisir paroxystique. Pas du tout dans le but qu'on imagine, quelques siècles plus tard, à un autre endroit du monde, mais dans l'objectif de se libérer de la tentation du plaisir, d'arriver à l'abolition même du désir.

Dans le tantrisme, il est recommandé à l'homme de retenir son sperme le plus longtemps possible pour conduire sa partenaire à la jouissance multiple. Il paraît qu'il y est même question de méthodes pour réaspirer le sperme une fois éjaculé...

Cela dit, le tantrisme établit que l'homme perd de son énergie vitale en éjaculant (ce qui explique aussi qu'on lui conseille de ne pas trop se dépenser...), tandis que la femme, elle, voit sa vitalité augmenter à chaque orgasme.

Dernier point : ce qui fait aussi fantasmer les hommes dans le tantrisme, ce sont les traces qu'il a laissées dans l'inconscient collectif. En effet, ce sont les femmes qui sont censées mener le jeu et initier les hommes. D'autant plus naturellement que l'énergie du tantrisme, née notamment de la jouissance, est renouvelable sans fin...

Veshya (courtisanes)

Le fait d'être courtisane, en Inde et à l'époque, constituait, si ce n'est un métier, une fonction, avec un vrai rôle à jouer dans la vie sociale. Il faut le rappeler : dans le *Kama sutra*, une partie entière sur sept leur est consacrée. Nous vous avons fait grâce des pages terriblement ennuyeuses où on leur donne d'interminables cours de compta, d'économie et de gestion sur les pertes et les profits, et où on leur enseigne la déontologie de base de leur charge. Ce chapitre du texte original demeure cependant instructif, car il nous renseigne sur les préoccupations réelles de ces femmes, qui s'empressaient de détrousser les hommes pour aller aussitôt dépenser leurs gains dans des offrandes somptuaires à des temples magnifiques.

Les courtisanes étaient classées dans le *Kama sutra* en huit catégories : les porteuses de pot, les servantes, les danseuses, les actrices, les artistes, les femmes « qui ont mauvaise réputation », les femmes « assez belles pour vivre de leur beauté », les courtisanes de la Cour. Ces femmes étaient les seules vraiment libres dans cette société purement phallocrate, où les épouses, même dans les meilleures familles, étaient reléguées aux tâches ménagères les plus diverses.

Quelle que soit leur catégorie, elles prenaient des amants à leur gré, les rendaient fous d'elles, les ruinaient, puis les jetaient. Cependant, celles de haut rang n'étaient pas, et de loin, de simples prostituées. Pleines de talents, parfaitement éduquées, leur culture et leur savoir-vivre leur valaient l'admiration et la considération de tous, y compris de certaines nobles dames qui ne leur arrivaient pas à la cheville en termes d'érudition et de sagesse.

Vyagra (tigre)

Oui. On voit à présent où ils sont allés chercher le nom de ce stimulant sexuel.

Yoghini (femme qui pratique le yoga)

En fait, c'est surtout le nom qu'on donne à une classe de démons féminins, un peu sorcières sur les bords. Certaines avaient la réputation d'être des initiatrices dans l'art du yoga tantrique. Bref, méfiez-vous : ce n'est peut-être pas forcément un compliment si on vous traite de *yoghini*.

Yoni (vagin)

À noter : le mot désigne également « la race », ou « la patrie ». Et pour les adeptes du tantrisme, « le lieu de la formation du monde ».

Le sanskrit propose quelques jolies métaphores pour le sexe féminin : *samputa*, « écrin à bijoux » ; *vadava*, « feu infernal ».

Table des matières

Dans la même collection :

Les Abdo-fessiers des paresseuses
L'Almanach des paresseuses
L'Anglais des paresseuses
L'Armoire idéale des paresseuses
L'Art de se faire épouser des paresseuses
L'Astrologie des paresseuses
La Beauté des paresseuses
La Bio Attitude des paresseuses
La Boîte à paresse
La Boîte détox des paresseuses
Les Bons Plans ventre plat des paresseuses
Les Bonnes Résolutions des paresseuses
Les Bons Plans anticellulite des paresseuses
Le Bricolage des paresseuses
Le Cahier de gym des paresseuses
Le Cahier de vacances des paresseuses
La Cave à vin des paresseuses
Les Coktails des paresseuses
Le Corps de rêve des paresseuses
La Couture des paresseuses
La Cuisine des paresseuses
La Déco des paresseuses
L'Écologie des paresseuses
Extrait de paresse
Le Feng shui des paresseuses
La Fête des paresseuses
La Grossesse des paresseuses
Le Guide de survie des paresseuses
La Gym des paresseuses
Le Gym box des paresseuses
L'Histoire de France des paresseuses
Le Home sweet home des paresseuses
Le Jardinage des paresseuses
Jeune Maman et paresseuse
Le Kama sutra des paresseuses
Le Kama sutra box des paresseuses
Le Kit régime des paresseuses
Le Nouveau Savoir-vivre des paresseuses
Les paresseuses cassent la baraque
Les paresseuses changent de vie
Les paresseuses ne se laissent plus faire
Les paresseuses se marient
Les paresseuses s'engagent
Le Paris des paresseuses
Le PC des paresseuses
La Philo des paresseuses
Le Pilates des paresseuses
Le Poker des paresseuses
La Positive Attitude des paresseuses
Le Prince Charmant des paresseuses
Les Recettes érotiques des paresseuses
Les Recettes minceur des paresseuses
La Recherche de job des paresseuses
Le Régime des paresseuses
Le Régime express des paresseuses
La Santé des paresseuses
Les Secrets de jeunesse des paresseuses
La Sexualité des paresseuses
La Sexy Attitude des paresseuses
Le Sudoku des paresseuses

Le Système D des paresseuses
Le Tricot des paresseuses
Les Vacances des paresseuses
La Vie politique (enfin) expliquée aux paresseuses
La Vie rêvée des paresseuses
Le Vintage des paresseuses
La World Food des paresseuses
Le Yoga des paresseuses
La Zen Attitude des paresseuses

En papeterie :
L'Agenda des paresseuses 2010
Le Répertoire des paresseuses
L'Ephéméride des paresseuses

Les B.D. :
La B.D. des paresseuses
La B.D. des paresseuses 2
Pourquoi j'suis pas aux Maldives ?

Pour l'éditeur, le principe est d'utiliser des papiers composés de fibres naturelles, renouvelables, recyclables et fabriqués à partir de bois issus de forêts qui adoptent un système d'aménagement durable.

En outre, l'éditeur attend de ses fournisseurs de papier qu'ils s'inscrivent dans une démarche de certification environnementale reconnue.

Photocomposition Nord Compo

Imprimé en Italie
par Rotolito Lombarda
Dépôt légal : Janvier 2010
ISBN : 978-2-501-06404-0
40.6756.7/01